Le secret de la loi d'Attraction

Catalogage avant publication de Bibliothèque et Archives nationales du Québec et Bibliothèque et Archives Canada

Della Faille, Marcelle, 1964-
Le secret de la loi d'attraction : comment créer délibérément sa vie en 30 jours
Comprend des réf. bibliogr.

ISBN 978-2-89436-181-8

1. Succès - Aspect psychologique. 2. Réalisation de soi. 3. But (Psychologie).
I. Titre.

BF637.S8D44 2007 158.1 C2007-940602-5

Nous reconnaissons l'aide financière du gouvernement du Canada par l'entremise du Programme d'aide au développement de l'industrie de l'édition (PADIÉ) pour nos activités d'édition.

Nous remercions la Société de développement des entreprises culturelles du Québec (SODEC) pour son appui à notre programme de publication.

L'édition originale de cet ouvrage a été publiée sous le titre *How To Be Wildly Wealthy Fast* par *Universal Prosperity Pty Ltd., P. O. Box 362, Mooloolaba, Qld 4557, Australia* (tél. : 07-54446186) et par Sandy Forster. Copyright 2004 et 2005 Sandy Forster.

Correction d'épreuves : Amélie Lapierre
Infographie : Marjorie Patry
Mise en pages : Marjorie Patry

Éditeur : Les Éditions Le Dauphin Blanc inc.
6655, boulevard Pierre-Bertrand, local 133, (Québec), G2K 1M1 CANADA
Tél. : (418) 845-4045 Téléc. : (418) 845-1933
Courriel : dauphin@mediom.qc.ca
Site Web : www.dauphinblanc.com

ISBN : 2-89436-181-8

Dépôt légal : 2e trimestre 2007
Bibliothèque nationale du Québec
Bibliothèque nationale du Canada

Imprimé au Canada

Marcelle della Faille

Le secret de la loi d'Attraction

Comment créer délibérément sa vie
en 30 jours

Le Dauphin Blanc

« Les pensées que vous pensez concernant ce que vous voulez
mettent en mouvement la création et l'accomplissement final
de ce que vous VOULEZ.
Les pensées que vous pensez concernant ce que vous ne voulez pas
mettent en mouvement la création et l'accomplissement final
de ce que vous NE VOULEZ PAS. »

Abraham-Hicks

Table des matières

Remerciements

Aujourd'hui, j'apprécie et je remercie...

Toutes les personnes qui m'ont soutenue, me soutiennent et me soutiendront sur mon parcours. Toutes les personnes qui traversent ma vie, que je rencontre, que je croise, peu importe le temps passé avec elles.

Toutes les personnes dont les paroles, les écrits ou les images résonnent en moi et m'offrent des connaissances, un sentiment ou une compréhension nouvelle!

Toutes les personnes qui m'inspirent par leur personnalité, leur gentillesse, leur amour du beau, leur bonheur simple, leurs mots vrais...

J'apprécie et je remercie particulièrement...

Marcy Koltun-Crilley, ou « Marcy from Maui », qui m'a tendu la perche vers l'abondance et la liberté de penser totale grâce à un petit article et à une photo magnifique dans la revue spécialisée *Network Marketing*. Elle fut la pierre de lance de cette merveilleuse aventure dans laquelle je me suis engagée il y a déjà six ans. Elle m'a ouvert la porte de la compréhension des lois de l'Univers, lois que j'utilisais déjà à profusion sans m'en rendre compte.

Rebecca Fine, dont le très généreux site m'a permis de découvrir *La Science de l'Enrichissement* de Wallace D. Wattles, un petit joyau de sagesse et d'enseignements utiles que j'ai immédiatement mis en pratique dans ma vie quotidienne pour me retrouver aujourd'hui vivant la vie de mes rêves grâce à ma passion!

Teresa Romain, dont les articles et le site Internet m'ont tout de suite plu au point de vouloir les traduire pour permettre leur diffusion au monde francophone. Ce travail énorme ne s'est pas réalisé, mais ma détermination à répandre cette sagesse fut le moteur qui a doucement mené mes pas vers l'écriture de ce livre en français.

Slim Spurling, dont les travaux scientifiques sur les métaux et les formes ont donné naissance à des outils d'harmonisation hautement performants. Je les utilise tous les jours et j'ai expérimenté non seulement l'harmonie, la paix et la sérénité, mais également l'abondance et l'accomplissement de nombreux buts depuis leur acquisition.

Abraham-Hicks, dont les messages expriment avec une clarté totale le moindre de mes sentiments, découvertes ou sensations. Ils ont une réponse à TOUTES mes questions existentielles, relationnelles, professionnelles, financières et autres. À chaque lecture, je comprends davantage le sens de ma vie sur la terre et tout est clair dans mon esprit. Ils m'apportent la clé de tout ce que je veux expérimenter dans cette vie!

Powerful Intentions, la communauté des personnes engagées à créer délibérément leur vie selon leurs désirs et qui témoignent chaque jour de leurs succès et de manifestations incroyables!

Et enfin, Julie Coombs, qui m'accompagne et me soutient dans cette aventure en tant que *coach* et webmestre toute dédiée à ma mission.

Un tout grand merci à vous tous!

J'apprécie et je remercie également…

Mes parents, de m'avoir autorisée à élargir mon horizon par l'apprentissage de la langue anglaise. Elle m'a donné accès à une littérature et à des connaissances internationales d'une sagesse universelle et m'a permis de trouver ma voie grâce aux rencontres, aux expériences et aux relations mondiales que je me suis crées, entre autres sur la Toile.

Mes frères et sœurs, qui me permettent, à leur insu, de gagner en confiance dans mon activité de *coaching* et de consultation. Nous avons toujours conservé des relations très amicales et agréables où la joie et le soutien réciproques priment, de sorte que je nous considère *coachs* les uns des autres dans tous les aspects de notre vie.

Mon mari Vincent, qui me soutient dans tout ce que j'entreprends et me rappelle souvent, par son comportement et ses remarques, que nous sommes ici avant tout pour nous amuser, profiter de la vie et vivre la dolce vita!

Et enfin, mes filles, Noémie, Barbara et Roxane, qui m'apprennent chaque jour :

- comment utiliser la loi d'attraction aisément et facilement,
- à être joyeuse, à chaque minute, chaque seconde,
- à jouer et à rire,
- à être dans l'instant présent à tout moment,
- à donner et à recevoir amour et tendresse sans compter,
- à me concentrer uniquement sur les bons moments,
- à accueillir l'abondance!

Je vous aime et vous remercie de tout cœur d'être là!

Avant-propos

Il n'y a pas si longtemps, j'ai entamé la lecture d'un petit livre intitulé *The Science of Getting Rich*, écrit par Wallace D. Wattles en 1910. Ce fut le début d'une belle aventure vers la liberté, la joie et l'abondance!

Grâce à cet ouvrage, j'ai pu me reconnecter à ma passion, avoir la conviction que je pourrais bientôt m'y consacrer totalement et voir avec bonheur ma vie prendre littéralement forme sous mes yeux!

J'ai appris que je pouvais créer ma vie selon mes désirs, jusque dans ses moindres détails. Il me suffisait de savoir précisément ce que je voulais être, faire et avoir, et de me focaliser uniquement sur cette vision pour attirer rapidement et concrètement chacun de mes vœux!

Ayant entrepris la traduction de *The Science of Getting Rich*, je l'ai envoyé à de nombreux éditeurs et la loi d'attraction a fait le reste. L'un d'eux m'a immédiatement téléphoné, nous avons signé un contrat, et l'ouvrage est paru quelques mois plus tard, remportant un grand succès. Les courriels ont commencé à pleuvoir dans la corbeille d'arrivée de mon ordinateur, chacun demandant un avis, un conseil, une référence, une séance de *coaching*…

Poursuivant la réalisation de ma passion, j'ai élaboré un site proposant tous les ouvrages de sagesse qui m'ont aidée et qui m'aident encore à avancer sur la voie de l'abondance, site qui a très vite connu un intérêt et un essor considérables dans la communauté francophone internationale.

C'est alors qu'une petite voix m'a inspirée à écrire ce livre. J'ai demandé à l'Univers de me guider dans sa conception, car je ne m'en croyais pas capable à ce moment-là. Puis tout s'est enchaîné aisément et doucement : j'ai attiré le moyen de créer concrètement la structure du livre, ce qui m'a soulagé énormément. Une fois cette étape réalisée, le reste a coulé de source!

Je suis très heureuse de vous offrir ces joyaux de sagesse que j'ai recueillis ici et là ou qui m'ont été inspirés à l'écriture de l'ouvrage proprement dit.

Laissez-vous imprégner de leur sens, sans les juger, car à chaque lecture vous recevrez exactement ce que vous en demanderez : consciemment par votre esprit, et inconsciemment par votre âme, ou l'inverse.

Ce livre vous offre une approche théorique et pratique de la loi d'attraction qui régit cet Univers. Cette loi qui s'applique à tous et à toutes, indépendamment de la race, de la religion, de l'âge, de l'intelligence, de la profession, etc.

Vous ne mettez pas en doute la loi de la gravité. Vous savez qu'elle existe parce que vous l'expérimentez tous les jours. Il en va de même pour la loi d'attraction. Ce n'est pas une pensée, c'est une loi. Une loi qui dit : « Toute énergie attire une énergie semblable ».

Je terminerai ici en vous invitant à jouer avec cette loi, à créer vos propres outils de création grâce à cette loi et à vous concentrer chaque jour sur ce qui vous fait du bien, ce qui vous fait rire, ce qui vous fait « jouir » pleinement de la vie. Car nous sommes ici pour expérimenter la joie et le bien-être avant tout!

Que l'abondance vous accompagne!

Marcelle della Faille

Chapitre 1

La loi d'attraction

Penser les formes… la Substance Originelle le fait à tout moment. Cette Substance, qui imprègne par sa pensée chacune des formes visibles, nous emplit et nous traverse. Nous en sommes tous constitués. Nous sommes le fruit de sa pensée. La substance informe pense et crée à partir de ce qu'elle pense.

Imaginez le monde autour de vous comme un océan. Son eau inonde tout, emplit tout et est omniprésente. Chaque goutte de l'océan est unique et cependant identique aux autres par nature. Toutes ces gouttes procèdent de la même substance d'origine, l'eau originelle.

Maintenant, imaginez un glaçon dans un verre. Ce glaçon est constitué de cette substance d'origine et a cependant adopté une forme qui s'est cristallisée pour modeler le glaçon. Glaçon et goutte d'eau procèdent de la même source et revêtent cependant un aspect différent à l'œil nu. Mais, par essence, ils représentent une seule et même chose, la source originelle qui imprègne tout et traverse tout.

Si nous poursuivons cette analogie, le monde qui nous entoure est un océan d'énergie. Cette énergie inonde tout, emplit tout et est omniprésente. Chaque étincelle d'énergie est unique et cependant identique aux autres par nature. Toutes ces étincelles procèdent de la même substance d'origine, l'énergie originelle.

L'énergie d'origine, par sa pensée, a donné forme aux choses concrètes, à la forme cristallisée des choses dans l'énergie. Tout ce que nous pouvons toucher de nos mains est non seulement constitué de l'énergie d'origine, mais est par essence l'énergie d'origine.

Nos yeux voient la forme adoptée par l'énergie qui a pensé la forme. Les formes matérialisées sont l'essence de l'énergie informe moulée dans une forme. La pensée de l'énergie suprême a créé la forme que nous voyons, que nous pouvons toucher, sentir, humer, etc.

L'arbre, la montagne, la pierre, la fleur, l'animal, l'homme sont des formes pensées par l'énergie d'origine qui a voulu se former pour se développer et grandir. L'énergie prend forme dans une volonté d'accroissement. Elle crée les formes en les pensant. C'est la Substance Pensante Originelle qui est à la base du monde que nous connaissons.

Étant constitués de cette Substance Pensante, nous créons également à partir de nos pensées. Si nous imprégnons suffisamment la Substance de ce que nous pensons, nous créons ce que nous pensons. Le tout est de choisir ce que nous voulons créer et de penser les pensées qui créeront précisément cela. Si nous pensons des pensées liées à ce que nous ne voulons pas créer, nous créerons ce que nous ne voulons pas!

Faire « pivoter » nos pensées est l'action que nous devons effectuer pour formuler ce que nous voulons obtenir. Le contraste des événements désagréables nous offre l'occasion de reconnaître ce qui ne nous apporte pas le bien-être et, à partir de ce ressenti « désagréable », de décider et de choisir ce qui nous apporte un ressenti appréciable. Nous formulons ce que nous voulons dans notre vie en reconnaissant d'abord le ressenti inconfortable que nous apporte les événements que nous ne voulons pas vivre, pour le retourner ensuite à 180° et reconnaître le ressenti que nous voulons expérimenter.

Le mal-être est un indicateur d'une expérience non voulue qui nous permet, en pivotant nos pensées à 180°, de choisir ce que nous voulons expérimenter. Par exemple, plus d'argent, une bonne santé ou une relation épanouissante.

Dans ce cas, ce que nous voulons obtenir, c'est :

- l'abondance,
- la pleine santé,
- l'amour ou l'amitié.

Nos expériences malheureuses nous permettent de découvrir ce qui ne nous convient pas et donc de nous diriger vers ce qui nous convient.

Le mal-être issu du contraste, que nous font subir les événements déplaisants de notre vie, doit demeurer passager. Nous pouvons décider de ne pas nous attarder sur ce ressenti, ni sur ce que nous ne voulons pas obtenir.

Or nous faisons justement l'inverse, nous nous plaignons sans cesse de ce qui nous arrive. Lorsque nous rencontrons d'autres personnes, c'est bien souvent le premier sujet que nous abordons : nos malheurs, nos ennuis, nos problèmes. Bref, notre mal-être, ce que nous ne voulons pas expérimenter. Par exemple :

- un manque d'argent,
- une mauvaise santé
- une relation difficile.

Nous nous étendons en longues complaintes sur notre manque d'argent, notre mauvaise situation, notre carrière qui bat de l'aile, les vacances que nous ne pouvons pas prendre, etc. Ou nous nous étalons sur nos problèmes de santé et parlons de long en large de nos maladies, de nos maux, de nos accrocs. Ou encore, nous divulguons nos problèmes relationnels, nos secrets de famille, nos rancœurs tenaces.

Une fois de plus, c'est de notre mal-être dont nous parlons. C'est sur notre mal-être que nous focalisons toute notre attention et celle des autres.

« Le pouvoir de l'esprit sur la matière », c'est ainsi que la physique quantique décrit la loi d'attraction. Tout dans l'Univers est énergie et nous sommes tous constitués d'énergie dans l'Univers. Cette énergie puissante et pensante, qui donne forme à nos pensées, suit la loi universelle de l'attraction. Cette loi dit que « tout ce sur quoi nous concentrons nos pensées, nous l'attirons dans notre vie ». Donc, plus nous nous focalisons sur notre mal-être, plus nous l'attirons dans notre expérience.

En focalisant nos pensées sur certaines choses et en expérimentant un ressenti profond et intense de ces choses, nous attirons précisément ces éléments dans notre expérience. Ainsi, les craintes et les peurs sur lesquelles nous nous focalisons à longueur de journée, nous les attirons inconsciemment en plus grand nombre par l'application de cette fameuse loi d'attraction.

Nous vivons à une époque qui nous fait redécouvrir les anciennes vérités et des secrets bien gardés. Voyons comment ces anciens savoirs offrent des améliorations miraculeuses, une prise de conscience et des résultats inattendus dans notre vie de tous les jours!

Notre science confirme maintenant ce que les leaders spirituels ont tenté de nous montrer et de nous expliquer depuis des milliers d'années : nous sommes BIEN plus que ce que nous pouvons voir...

Si vous ne l'avez pas déjà ressenti par vous-même, vous ne liriez pas ce livre... Notre monde extérieur est le simple reflet de ce qui se passe dans notre monde intérieur... Il est donc crucial pour nous de cocréer un plan d'action inspirée pour tous les domaines de notre vie! Nous devons formuler nos intentions personnelles concernant :

- notre plus grand rêve ou désir,
- notre santé et notre bien-être,
- notre liberté financière,
- notre maîtrise personnelle et professionnelle,
- nos relations.

Pour commencer, posons-nous les trois questions de la création délibérée :

- Quelles sont les trois choses que j'apprécie le plus concernant moi-même et ma vie MAINTENANT?
- Qu'est-ce que je veux créer?
- Pourquoi est-ce que je veux cela?

Grâce à ces réponses, nous clarifions ce que nous désirons et mettons le doigt sur notre désir profond, élevant de ce fait même notre vibration énergétique, car nous touchons à l'essence même de notre vœu le plus cher. En cherchant et en trouvant ce que nous pouvons apprécier d'abord, nous ouvrons notre champ à tous les possibles, les occasions se bousculant souvent alentour si nous voulons bien les voir.

Libres par nature, les enfants portent en eux cette énergie pure de création et sont les vecteurs d'une pureté créatrice réelle. Ils sont à tout moment alignés sur la Substance d'origine. Innocents, leurs pensées sont toujours fixées sur la recherche de leur bien-être. Si vous observez les enfants, vous verrez que seul leur bonheur immédiat les intéresse. Ils rient, sautent, crient, jouent, dans un seul but, celui de se sentir bien.

Ils savent ce qu'ils désirent et le créent sans hésitation ni barrière. Ils formulent leurs demandes de manière très déterminée jusqu'à ce que la source leur donne ce qu'ils veulent, sachant que leurs désirs seront toujours exaucés d'une manière ou d'une autre. Les enfants sont des modèles de créateurs libérés et purs. Il nous suffit de les regarder jouer pour nous reconnecter immédiatement à notre pouvoir inné de bonheur constant, ce pouvoir qui nous émerveille et semble souvent nous échapper à nous, adultes, prisonniers de nos pensées suspicieuses.

Les vibrations contraires émises par nos doutes retardent la création de ce que nous voulons manifester. Le conflit intérieur qui sévit entre notre désir ardent et le frein de ces doutes continuels empêchent nos désirs purs de se manifester rapidement. De même, l'enfant se met à douter dès lors que les adultes, pour son bien, sèment la discorde entre sa voix intérieure qui l'encourage au bien-être et le ton solennel de la bienséance et du comportement social. Le conflit s'installe en son être et l'enfant passe de l'état d'innocence créatrice au statut d'éduqué limité. Nous brimons les enfants inconsciemment lorsque nous les obligeons à penser comme nous, à douter, à craindre et à avoir peur. Nous provoquons en eux la perte de l'innocence, la mort de la foi qui ouvre toutes les portes de la création. Les croyances que nous inculquons aux enfants limitent leur pouvoir de création.

Nos convictions arrêtées créent des barrières qui empêchent le flux de l'énergie créatrice de s'écouler vers la réalisation de nos désirs. Nous fermons la porte aux possibilités, aux occasions et, par là même, nous nous empêchons d'obtenir ce que nous voulons.

> Pour expliquer comment nos pensées créent et « dé-créent » nos désirs, je voudrais que vous imaginiez un instant au-dessus de votre tête un couloir menant à une porte portant votre nom en grand. Devant la porte, un gardien a pour seul rôle d'ouvrir la porte menant à toutes vos demandes. Derrière cette porte se trouve tout ce que vous désirez. Tout est là. Il vous suffit de le demander et vous le recevez.

Chaque fois que vous formulez un désir, vous envoyez un message au gardien de vos désirs. Celui-ci s'active pour vous livrer ce que vous demandez. Il ouvre en grand la porte et prépare la voiture tant désirée pour la charger dans le camion qui vous l'apportera.

Dès que vous émettez un doute concernant la manifestation de cette voiture – soit que vous la considérez trop chère, soit que vous ne savez pas comment vous allez pouvoir vous l'offrir –, le gardien de vos désirs, déçu, rapporte la voiture et referme la porte sur votre demande. Votre désir ne se manifeste pas. Vos doutes en ont annulé la manifestation.

Vous constatez ainsi que nos doutes, nos craintes et nos humeurs influencent nos pensées et nos créations. Nous formulons un désir ardent avec une foi intense, puis brusquement, nous devenons sceptiques, nous n'y croyons plus ou nous doutons, et cette irrégularité dans nos pensées créent une irrégularité dans nos demandes, qui s'annulent puis se voient réactivées lorsque le désir ressurgit; puis à nouveau, lorsque nous doutons, le gardien referme la porte sur notre demande, bien malgré lui.

Alors, comment obtenir ce que l'on désire, aisément et facilement?

Il existe plusieurs techniques et méthodes qui permettent de créer la vie de nos rêves en très peu de temps, si nous appliquons les concepts décrits tout au long des pages de ce livre.

Dans ce premier chapitre, je vous convie à un procédé très simple et très pratique : sourire.

Un geste aussi simple qu'un sourire peut suffire à favoriser la livraison de vos demandes. La vibration constructive du sourire accélère la création de nos désirs. Le sourire active une vibration puissante, car il ouvre le canal de nos énergies et permet à celles-ci de rayonner. Si nous apprenions à sourire un petit peu tous les jours, ce canal qui nous relie à la substance informe demeurerait constamment ouvert et nous pourrions créer sans limites. Aucune ombre ne parviendrait à obscurcir nos pensées si nous pratiquions la stratégie du sourire continuel. Je ne parle pas d'un sourire forcé, qui ne serait qu'un frein de plus à la manifestation de ce que nous souhaitons. Mais bien le vrai sourire qui ouvre le cœur et illumine le corps de celui ou celle qui sourit et qui, par contagion, irradie sur les personnes qui l'entourent.

Sourire permet de demeurer aligné toute la journée.

Comment renforcer votre pouvoir de création de la journée de vos rêves? Je connais de petits rituels à effectuer matins et soirs. Ils sont si faciles et agréables que bientôt vous ne pourrez plus vous en passer. Appliquez-les tous les jours et ils feront bien vite partie de vos habitudes journalières, comme vous brosser les dents ou vous coiffer, avant de vous lancer dans l'aventure d'un nouveau jour.

Le premier rituel que je vous propose est à effectuer tous les matins. Il vous permettra de commencer votre journée en étant focalisé sur votre bien-être et, de ce fait même, d'être dans un état d'ouverture et d'alignement tel que vous pourrez créer tout ce que vous voulez dans votre vie, sans difficulté et avec constance.

- Comme énoncé plus haut, commencez votre journée par sourire pendant cinq minutes. Le sourire active les taux de sérotonine du corps et est un puissant antidépresseur. Vous vous alignez ainsi dès le saut du lit sur la substance pensante qui vous imprègne et vous permet de donner forme à vos pensées.
- Méditez ensuite pendant cinq minutes en focalisant votre pensée sur la richesse, la santé ou la relation que vous voulez obtenir. Respirez bien profondément en comptant 60 respirations. Écoutez éventuellement de la musique que vous aimez et soyez attentif à votre ressenti pendant ces cinq minutes de méditation.

- Formulez enfin vos intentions pour chaque segment de la journée.

  Par exemple, le petit-déjeuner, le trajet jusqu'à l'école ou au travail, la matinée, la réunion du matin, le déjeuner, l'entrevue avec votre patron, etc. Si possible, décrivez en détail comment vous vous sentez durant chacun de ces segments et inscrivez vos intentions sur une feuille de papier. Elles auront encore plus de pouvoir, car en les formulant par écrit vous concentrez votre attention sur le bien-être que vous procurent ces intentions et vous attirez davantage de situations agréables.

Ce livre offre de nombreuses méthodes d'alignement et de concentration qui, pratiquées tout au long de la journée, accentueront le pouvoir de votre pensée et vous permettront de créer exactement TOUT ce que vous voulez.

Pour l'heure, nous allons intensifier votre processus de création et clôturer en beauté votre magnifique journée créatrice en effectuant le rituel du soir suivant.

- Une fois allongé dans votre lit, revoyez les bons moments de votre journée. Reconnaissez vos succès du jour, peu importe leur importance. Il peut s'agir d'une accolade d'un ami, d'une tâche que vous avez achevée, du sourire d'un enfant, etc.
- Appréciez chaque instant qui vous a fait du bien au cours de la journée. Appréciez chaque personne qui vous a montré de la sympathie ou de l'amour. Cherchez tous ces petits moments qui vous ont plu et appréciez-les intensément.
- Ensuite, formulez votre intention d'utiliser le temps de vos rêves pour poursuivre la manifestation de vos désirs. Visualisez votre désir le plus cher et ressentez-le déjà réalisé dans votre vie. Formulez votre intention de vous

réveiller reposé et aligné, prêt à vivre une nouvelle journée de création délibérée par l'utilisation consciente de la loi d'attraction.

Vos exercices de bien-être

- Posez-vous les trois questions de la création délibérée et répondez-y par écrit.
- Souriez aussi souvent que possible.
- Exécutez le rituel du matin et créez délibérément tout au long de la journée.
- Exécutez le rituel du soir et créez délibérément tout au long de la nuit!

Chapitre 2

Créer délibérément

Le désir consiste à préférer certaines choses et à les souhaiter ardemment. Le désir repose sur les préférences personnelles de chacun. Ces préférences sont innées ou se développent au fil des ans et des expériences. Le contraste auquel nous sommes confrontés à tout instant engendre chez nous une reconnaissance de nos désirs. Il nous suffit alors de les accepter. Et de les mettre en œuvre.

Nos désirs changent et évoluent sans cesse. L'évolution de ces désirs est très plaisante. Elle nous permet de ressentir de nouvelles prises de conscience, toutes fraîches, toutes neuves. Elle nous met devant de nouvelles aventures, nous fait vivre un émerveillement revigorant, chaque idée nous emplissant d'un nouvel émoi.

Lorsqu'il insuffle la vie en nous, le désir nous indique que nous sommes connectés à notre connaissance intérieure.

> Le pouvoir du désir réside essentiellement dans l'image claire qu'il nous offre. Cette image mentale détaillée – que nous voyons sans cesse devant nous lorsque nous fermons les yeux et que nous pensons à notre désir – a la force de déplacer les montagnes. Notre rôle consiste à imaginer notre désir le plus clairement et le plus spécifiquement possible pour en obtenir

une image nette, claire et précise. Nous voulons passer notre temps libre à visualiser cette image mentale et à nous ressentir dans la scène de ce désir déjà réalisé. Comment vivons-nous? Que faisons-nous? Comment nous sentons-nous grâce à ce désir réalisé?

C'est là que réside la puissance créatrice du désir en nous. C'est ainsi que nos pensées créent la forme de nos désirs les plus profonds.

L'impression exercée par ce ressenti sur la Substance Informe est la clé de la manifestation de ce que nous voulons voir apparaître dans notre vie. C'est par le bien-être que nous ressentons lorsque nous imaginons notre désir réalisé que la pensée de nos désirs crée un lien vers la réalisation de ceux-ci. Ce lien est indispensable et primordial dans le processus de création.

En concentrant notre pensée sur un désir, nous lançons un message à l'Univers. L'Univers reçoit ce message et y répond instantanément. Il n'y a aucun doute à cela. En ressentant dans nos moindres cellules ce désir, nous imprimons notre pensée sur la Substance Informe qui baigne l'Univers, et cette substance met instantanément en mouvement les processus de manifestation et de création.

La réponse de l'Univers est immédiate.

« Affaire conclue! », voilà ce que l'Univers nous répond tout en mettant en œuvre la création de ce que nous demandons. Nous adoptons alors l'attitude de possession en exécutant des actions qui nous sont inspirées par la visualisation de notre image claire, de notre désir détaillé.

> En imaginant notre désir réalisé et en le ressentant comme tel, nous faisons « comme si » et émettons la vibration du bien-être véritable. Nous expérimentons un ressenti appréciable et agréable qui attire exactement cette atmosphère appréciable et agréable dans notre expérience.

Le jeu du « comme si » que jouent nos enfants est le carburant du jeu de la création. Vous imaginez maintenant où réside leur force!

Croire dans le but que nous nous sommes fixé est également très important. Notre désir est notre but. Nous devons nous montrer déterminés à le réaliser. En nous focalisant sur notre image détaillée, en concentrant continuellement notre attention sur le ressenti de bien-être qu'il nous procure, nous insufflons la vie dans notre rêve. Nous lui apportons force et puissance.

Avoir foi en la manifestation de l'image claire que nous portons en nous est crucial. Chaque fois que nous doutons, nous pouvons rediriger notre pensée sur notre but ultime. Croire fermement à l'objectif que nous nous sommes fixé nous permet d'avancer dans sa direction avec constance. C'est en avançant vers notre cible avec foi et détermination que nous poserons les actes inspirés qui nous y mèneront. L'image claire que nous avons créée dans notre esprit est comme un phare qui nous guide dans la bonne direction. Nous ne nous laissons plus distraire par la réalité qui nous entoure et qui peut nous accabler parfois. Nous avançons d'un pas ferme et sûr vers la rive de notre rêve réalisé.

Comment notre désir va se concrétiser n'est pas de notre ressort. Lorsque nous utilisons la loi d'attraction pour créer délibérément, nous voulons demeurer ouverts à toute occasion, à toute manifestation, même si celle-ci ne correspond pas exactement à l'idée que nous nous en faisions. Pour pouvoir recevoir ce que nous avons demandé – « demandez et vous recevrez » – , nous voulons faire preuve de souplesse. Car l'Univers délivre selon des modes de création qui lui sont propres et uniques. La Substance Informe sachant tout, elle sait mieux que nous ce que nous désirons vraiment.

L'image que nous nous faisons d'un souhait est souvent très différente de ce que nous voulons vraiment recevoir. C'est là que le ressenti entre en ligne de compte. C'est en ressentant le bien-être que nous voulons obtenir de la réalisation de ce souhait que nous attirons le véritable désir de notre âme. Nous devons nous focaliser sur le but ultime plutôt que sur la forme que va prendre notre désir, ou sur le *comment* de sa manifestation.

Nous voulons nous demander : « Pourquoi est-ce que je veux cela? ». En nous posant la question du *comment*, nous laissons l'ego prendre le dessus et nous contrôler. Par contre, en nous demandant *pourquoi*, nous allons au cœur même de notre désir le plus cher. Nous laissons notre âme parler et exprimer son souhait suprême.

Nous savons que ce que nous demandons nous est donné. C'est la loi. Nous pouvons avoir confiance en l'Ordre suprême qui veut que ce que nous demandons nous l'obtenons. Cette certitude est innée. Tout ce que nous demandons est manifesté. Malheureusement, on nous a appris très tôt le contraire. Qu'il nous faudrait lutter pour avoir ce que nous voulons. On nous a appris à jouer des jeux de manipulation, à juger, à exiger, à contraindre. Alors que la loi universelle est claire et équitable. Identique pour chacun. « Demandez et vous recevrez ». C'est une certitude. À nous d'y croire à nouveau et de nous accrocher à cette foi inébranlable qui est en nous depuis toujours.

Remercier continuellement l'Univers de ce qu'il nous donne et nous a donné contribuera à élever notre vibration et à nous préparer à recevoir ce qu'il nous offre. Par l'exercice de la gratitude, nous établissons la vibration supérieure universelle qui nous relie constamment au canal de l'Univers. Ce canal, s'il reste ouvert, nous permet de recevoir tout ce qu'il nous donne, sous toutes les formes qu'il choisit.

Dire merci est si facile et nous fait vibrer d'une humeur légère et harmonieuse, parfaite pour résonner selon les accords parfaits de l'attraction universelle. Tous les jours, nous voulons nous lever en remerciant pour la bonne nuit passée. Dire merci à tous ceux que nous croisons et avec qui nous échangeons un geste, un sourire, un mot, un regard. Nous voulons être constamment reconnaissants pour tout ce que nous possédons, que ce soit nos biens matériels, la santé, l'amitié et l'amour de nos proches, l'atmosphère dans laquelle nous vivons, etc. La pratique de la gratitude peut devenir une constante et une habitude que nous transmettons à nos enfants.

Dire merci d'un merci franc, sincère et profond qui nous illumine de l'intérieur. Ainsi, nous nous relions au divin en nous et autour de nous et nous nous ouvrons à toutes les bontés et à toutes les bénédictions que la vie nous envoie. Nous ouvrons la porte de l'abondance.

L'idéal de notre âme est grand. Par conséquent, il est important que notre image mentale voit grand. Que nous voyions grand. L'Univers répond à toutes nos demandes. Comme le génie de la lampe d'Aladin, il nous dit : « Vos désirs sont des ordres ». Nous pouvons demander très précisément ce que nous voulons et tout ce que nous voulons. Pas la petite chose que nous croyons mériter. La loi d'attraction ne connaît pas le mérite. C'est une science exacte qui agit similairement et instantanément pour tous. Peu importe la race, l'âge, le passé, l'éducation, le comportement. Nous sommes tous égaux devant l'Univers et devant cette loi de création.

Alors, voyons grand, imaginons la vie de nos rêves, tout ce qu'elle contient, tout et vraiment tout. Nous pouvons tout avoir en le demandant aujourd'hui! L'environnement dans lequel nous vivons maintenant est le reflet de nos désirs passés, de nos demandes passées, de nos pensées passées. Nous avons le pouvoir de créer le futur de nos rêves à partir de nos pensées présentes. Aussi, utilisons ce pouvoir et lançons-nous dans l'aventure de la Création avec un grand C!

L'attention que nous portons à la pensée de notre rêve idéal imprègne la Substance d'Origine Universelle et y imprime la vérité de notre désir suprême. Notre concentration sur l'image mentale claire de ce désir exprime la vérité même de cette pensée et lance un message puissant à l'Univers. Nos énergies se rassemblent pour laisser une trace indélébile produisant la mise en mouvement des processus qui vont rassembler d'autres énergies vibrant au même niveau et les agglomérer jusqu'à modeler la forme de notre désir.

La concentration de notre pensée sur notre désir nous mène au sens profond de celui-ci dans notre vie. Nous touchons le *pourquoi* de ce que nous voulons à force de nous imaginer l'avoir et de le visualiser en détail. Nous raffinons notre demande et lançons une demande de plus en plus vraie, dépouillée de tous les faux-semblants de notre ego et cadrant totalement avec le vœu de notre âme.

> Il nous est possible d'annuler la moindre pensée « négative » et non agréable par le jeu des dix-sept secondes. Des pensées telles que « je n'y arriverai jamais » ou « ce n'est pas pour moi » peuvent être transformées à la vitesse de l'éclair par la seule concentration de notre pensée sur l'objectif que nous nous sommes fixé. Ce jeu est très puissant et très facile à jouer, à tout moment, en tout lieu, en toute discrétion.
>
> Dans ce jeu, donc, vous transformez en dix-sept secondes la moindre pensée qui ne vous aide pas et qui ne contribue pas à créer ce que vous voulez, en la retournant à 180° et en vous concentrant sur son pendant positif durant dix-sept secondes. Prenons un de nos exemples ci-dessus, « je n'y arriverai jamais » que nous retournons à 180° en « j'y arriverai ». Concentrons-nous maintenant sur cette affirmation pendant dix-sept secondes et le tour est joué!
>
> De la même manière qu'une chose voulue ne se manifeste pas instantanément dans notre expérience, la chose non voulue

ne se produit pas instantanément dans notre expérience. Une certaine adaptation aux vibrations est nécessaire. Si vous êtes parvenu à maintenir pendant dix-sept secondes une chose dans votre esprit, voulue ou non voulue – cette fusion de votre pensée vous amène un peu plus près de la vibration de ce à quoi vous accordez votre attention. Vous ne discernez pas ces incréments de dix-sept secondes. Et vous les reproduisez encore et encore, chaque fois que vous focalisez votre pensée sur ce que vous voulez. C'est la raison pour laquelle vous avez l'impression d'assister à une manifestation instantanée. Vous vous dites : « Mais d'où cela est-il venu? » en pensant à un miracle, alors que la manifestation s'est produite sur une longue période de temps.

Ce processus annihile totalement l'impact de toute pensée non voulue sur votre vie, car les pensées voulues sont dotées d'une énergie beaucoup plus puissante que les pensées non voulues.

Les affirmations peuvent fortement nous venir en aide dans de tels cas. Ces chaînes de mots que nous récitons comme des mantras permettent à notre esprit de se concentrer intensément sur notre but. Si nous utilisons la force de notre ressenti et que nous nous visualisons dans la situation désirée ou avec l'objet désiré, nous transformons l'affirmation en véritable baguette magique capable de nous accorder tous nos vœux. Nous pouvons ainsi manifester tout ce que nous désirons par la seule utilisation d'affirmations. « Vos désirs sont des ordres ».

Voici quelques exemples d'affirmations puissantes :

- *Pour attirer l'abondance financière*

  « Chaque jour, je suis de plus en plus riche et j'ai toujours un grand excédent d'argent pour faire tout ce qui me plaît. »

- *Pour supprimer tout doute quant à la réalisation d'un désir*

  « Je crois que la puissance infinie qui m'a donné ce désir et ces pensées les crée en ce moment à travers moi. »

- *Pour entretenir une bonne santé et « rajeunir »*

  « Je suis en parfaite santé jour après jour et mon corps s'épanouit et embellit chaque jour de manière éclatante. »

Vous trouverez à la fin de ce livre une liste d'affirmations à réciter chaque jour, comme bon vous semble (pour obtenir des instructions détaillées et une liste étoffée d'affirmations dans des domaines aussi divers que les relations, l'âme sœur, la santé, la richesse, le bien-être, etc., je vous invite à visiter le site http://loi-d-attraction.com).

Parlons maintenant de l'énergie créatrice des mots-pivots. L'essence d'un mot-pivot fait l'effet d'un laser qui focalise notre pensée sur l'énergie souhaitée. Ces mots-pivots ont été découverts par James T. Mangan en 1963 (ils furent exposés dans son livre *The secret of perfect living*) et ont fait leur preuve dans la vie de nombreuses personnes. Ils nous offrent un réel moyen de maîtriser notre santé et notre bonheur.

Le maître des mots-pivots, celui qui active l'ensemble de notre machinerie mentale, est le mot *ensemble.*

Utilisé conjointement avec d'autres mots-pivots, il décuple les effets de ceux-ci. Par exemple, pour trouver un objet égaré, vous dites à haute voix *ensemble obtenir*, puis vous vaquez à vos occupations et vous laissez l'Univers répondre à votre demande.

Voici quelques exemples des principaux mots-pivots et de leur influence créatrice :

Pour trouver un objet égaré : *obtenir*

Pour résoudre un problème : *obtenir*

Pour rester jeune : *apprendre*
Pour effacer une pensée négative : *annuler*
Pour dissiper ses craintes : *bluff*
Pour se donner de l'entrain : *bouger*
Pour améliorer ses relations interpersonnelles : *doux* et *avec*
Pour être en bonne santé : *être*
Pour chasser le cafard : *debout*
Pour tenir une résolution : *fait*
Pour stopper les regrets : *merci*

Il est clair que nous pouvons, nous aussi, créer nos propres mots-pivots, ceux qui résonnent en nous au point de contribuer à nous faire pivoter du mal-être vers le bien-être.

Ainsi, personnellement, j'aime utiliser le mot *parfait* dans les moments qui me semblent « parfaitement imparfaits ».

Ce simple mot contient toute l'énergie de l'imperfection parfaite et me convient parfaitement pour m'aider à accepter ce qui est. Car je sais que l'Univers sait comment me livrer tout de manière parfaite sans que je doive m'en préoccuper outre mesure.

Je ressens la même chose avec le mot *abondance*, car il renferme de nombreux mots et de nombreuses phrases simultanément. Il résume une certaine énergie qui me fait du bien!

Enfin, j'aime particulièrement les mots *simple* et *aise* car le bien-être, pour moi, c'est une vie simple, facile et aisée!

> Un autre moyen de créer délibérément ce que vous désirez consiste à célébrer ce que vous avez déjà. Par cette célébration vous envoyez à l'Univers un message qui est intensifié par la joie que vous ressentez, et vous en redemandez. Vous dites : « Encore, encore, encore! » Et l'Univers répond immédiatement à votre demande en mettant en mouvement les

énergies de manifestation et de création de ce que vous demandez. Il vous envoie davantage de ce que vous aimez.

Je vous conseille de remercier et de célébrer tous les jours l'Univers pour ce que vous vivez, avez et possédez. Développez l'habitude de la gratitude et de la célébration et vous attirerez à vous tout ce qui vous fait du bien.

Célébrez également chacun de vos succès, chaque moment apprécié, chaque pas en avant. Fêtez chaque réussite et vous vivrez heureux à jamais!

Lorsque j'ai découvert la création délibérée, je me suis rendue compte que sans le savoir j'avais utilisé ce processus pour manifester et créer certains de mes désirs les plus intenses. Ainsi, je me rappelle très bien comment mon mari et moi-même avons trouvé notre premier appartement. Nous avions tout simplement inscrit sur une feuille de papier ce que nous voulions avoir comme logement : les pièces qui le composaient, le loyer, la ville, etc. Dans les quinze jours qui suivirent, nous avions trouvé exactement l'appartement que nous voulions. En parcourant à nouveau notre liste, nous avons remarqué qu'il correspondait précisément à chaque point noté!

Plus tard, m'étant lancée dans une carrière littéraire, je trouvai le temps de m'adonner à ma passion : la peinture. Et si je ne me lassais pas d'admirer mes œuvres, je caressais le rêve de pouvoir en faire profiter d'autres et, plus particulièrement, un public varié pas nécessairement habitué aux galeries. Après avoir très clairement défini le genre d'agent que je cherchais, car je n'avais pas le temps de m'occuper du marketing, du transport, des assurances, etc, de mes œuvres, en faisant une recherche sur Internet, je trouvai exactement ce que je voulais : une société faisant office d'agent et de galerie en même temps. Mes séries d'œuvres sont exposées dans des entreprises, sous les yeux d'un public varié, et je peux poursuivre ma passion et continuer à soumettre d'autres séries si je le désire.

Enfin, récemment, je me mis à la recherche d'un webmestre pour élaborer et gérer le côté technique de mon nouveau site afin de pouvoir me concentrer uniquement sur l'écriture, la traduction et le choix des auteurs. Je savais très clairement ce que je voulais et pour attirer celle-ci (oui, c'est une dame et une amie maintenant!), j'ai eu recours à une autre technique qui consiste à formuler une demande très claire à l'Univers sous la forme suivante :

> « J'attire maintenant dans ma vie un partenaire d'affaires prospère, spécialisé dans la construction et le référencement de sites Web, ainsi que dans leur promotion et leur optimisation, vivant selon la loi d'attraction, intéressé à publier et à écrire des documents sur la loi d'attraction, positif, dynamique et joyeux, souhaitant travailler en équipe, désireux de s'occuper du marketing et de la promotion du site Web pour que je puisse me consacrer à l'écriture et à la recherche du contenu, disponible, cherchant à participer à une telle aventure, faisant partie d'une plateforme de personnes vivant selon la loi d'attraction, souhaitant voyager et assister à des conférences, à des réunions d'équipe, etc., et aimant par-dessus tout s'amuser!
>
> Cette personne m'apparaît maintenant et nous construisons ensemble une activité d'éveil, de soutien et de service aux autres, intéressante, prospère et légère pour toutes les personnes impliquées. Cela ou quelque chose de mieux! Affaire conclue! Merci l'Univers! »

Dans les deux semaines qui ont suivi, tout en poursuivant mes activités d'écriture et de traduction sur Internet, je suis entrée en contact avec une personne qui correspondait exactement au profil désiré. Nous avons très vite sympathisé et sommes maintenant associées dans le cadre d'une activité passionnante qui se développe merveilleusement. Une fois de plus, la loi d'attraction m'a permis de créer délibérément!

Vos exercices de bien-être :

- Créez votre image mentale claire.
- Jouez au jeu du « comme si ».
- Demandez-vous *pourquoi* vous voulez cela?
- Dites merci à tout moment.
- Faites pivoter vos pensées en dix-sept secondes.
- Choisissez une affirmation et récitez-la tel un mantra.
- Utilisez la force des mots-pivots.
- Célébrez vos succès.

Chapitre 3

La vibration prédominante

Selon les différentes situations auxquelles nous nous trouvons confrontés, nous émettons une vibration qui découle de nos émotions. Cette vibration dominante est irrégulière et chaotique tant que nous nous laissons influencer par nos réactions et nos émotions. Notre choix personnel revient à déterminer le type de vibration que nous voulons voir prédominer en nous. Ainsi, nous devenons maîtres de nos actes, nous dominons nos émotions et vibrons précisément à la vibration que nous avons choisie de ressentir.

Notre environnement nous soumet à toutes sortes d'événements qui risquent de nous déstabiliser tant que nous nous laissons gérer par nos réactions plutôt que d'agir par choix. Nos réactions sont le reflet exact de notre non-alignement à la Source, à notre être intérieur connecté à cette Source.

Cependant, si nous voulons prendre le temps de reconnaître cette déstabilisation, nous pouvons prendre conscience de notre non-alignement et choisir de changer notre vibration dominante.

Changer de vibration est un processus simple et facile à mettre en œuvre. Il suffit de décider où se situe notre bien-être, quelle forme a-t-il, que ressentons-nous quand nous nous sentons bien, et de pratiquer la pensée consciente et la visualisation. Nous recherchons tous à nous sentir bien partout où nous sommes, en quelque circonstance que ce soit. Pratiquons dès lors la recherche du bien-être dans nos pensées, par notre appréciation de chaque instant, et visualisons-nous en toute situation baignant dans un bien-être réel et profond.

Ma pensée dominante me place dans une situation d'attente d'une réponse de l'Univers qui m'arrive quoi qu'il arrive. Cette réponse est une évidence, car l'Univers répond toujours à qui formule une demande. Si je pense continuellement à un événement que je crains, ma pensée dominante basée sur la peur va entraîner la réponse évidente de l'Univers : la manifestation d'un événement que je crains. Par contre, si je pense à une situation que je souhaite ardemment voir se produire, l'Univers va répondre de toute évidence en m'envoyant une situation vibratoirement similaire à celle que je souhaite vivre.

> Pour choisir mes pensées, il me suffit d'observer avec détachement la réalité qui m'entoure et de décider, à partir de celle-ci, ce que je veux vivre et expérimenter dans ma vie. La vérité de ce que je veux est l'essence même de mon désir, qui va se manifester grâce à la focalisation de ma pensée dominante. Car la concentration de ma pensée dominante va engendrer une vibration majeure en moi, qui va former ma vibration prédominante et attirera vibratoirement ce que je souhaite précisément obtenir.

Par la visualisation créatrice, je peux augmenter le pouvoir de ma pensée. En visualisant ce que je désire, je désactive la vibration non désirée et j'active la vibration dominante que je veux émettre.

La visualisation ajoute un ressenti à la pensée, ressenti qui est essentiel à la manifestation de toute chose. C'est le ressenti qui engendre la vibration désirée, bien plus que la pensée.

La visualisation créatrice permet également de réaligner mes pensées, car mon ressenti est le moteur même de mon alignement. En ressentant mes pensées et en les visualisant, je peux me rendre compte, dans ma chair, si ce que je pense correspond bien à ce que je désire vraiment.

Les sensations que nous éprouvons lorsque nous nous passons le film de la réalité virtuelle sont la clé de toute création. Nous agissons tel un metteur en scène ou un réalisateur de film qui élabore la scène qu'il visualise. Il la vit dans sa tête avant de la modeler dans la réalité. C'est ce que nous faisons lorsque nous imaginons notre vie idéale, lorsque nous visualisons la situation rêvée ou l'idéal de vie que nous poursuivons.

À cet instant, tout est bien. Tout va bien. Nous sommes OK. Nous nous sentons bien et cette sensation de bien-être est le moteur qui déclenche la réalisation de nos désirs les plus chers. En ressentant cette sensation, nous offrons un nouveau ton, une nouvelle vibration à l'Univers, qui correspond exactement à la vibration que nous voulons émettre pour toujours : le bien-être suprême.

Cette projection dans le futur de la réalité virtuelle nous permet d'aligner notre vibration actuelle sur la vibration que nous souhaitons émettre. Nous irradions précisément le bonheur que nous voulons vivre, nous transmettons cette vibration agréable d'appréciation et de jouissance suprême et nous l'attirons vers nous encore davantage.

La réalité virtuelle du souvenir, par contre, réactive des émotions qui très souvent ne nous servent pas dans notre ici et maintenant. Les souvenirs, lorsqu'ils sont empreints de nostalgie ou lorsqu'ils nous font revivre des peurs et des angoisses passées, réactivent une vibration que nous ne souhaitons pas expérimenter. Nous ne nous rendons pas compte du mal-être que nous réactivons en nous repenchant sur certains souvenirs douloureux qui nous reviennent en mémoire. Leur seule pensée déclenche un tourbillon d'émotions inappropriées à la vibration que nous voulons créer en nous. Et nous revenons sur nos pas plutôt que d'avancer vers la manifestation de notre idéal.

> Pour activer délibérément la vibration que nous souhaitons et arriver à la transformer en une vibration prédominante, il est bon de pratiquer pendant 30 jours la focalisation de nos pensées sur le point d'attraction idéal. L'activation voulue de notre vibration dominante s'ancrera alors profondément en nous et nous nous surprendrons de plus en plus souvent à « pivoter » rapidement nos pensées d'un point de focalisation « douloureux » vers un point de focalisation « agréable ». Nous verserons du mal-être au bien-être de manière répétée et de plus en plus rapide, ce qui nous permettra bien vite de diffuser une vibration d'attraction puissante, car elle sera alignée sur nos désirs réels.

Il est important, ce faisant, d'apprendre à apprécier ce qui nous entoure. La pratique de l'appréciation continue nous permet de réaligner notre pensée et notre vibration sur la source même de nos désirs.

En cherchant à apprécier à longueur de journée ce que nous avons, ceux que nous rencontrons, les situations que nous vivons, nous trouvons toujours un élément positif au beau milieu de ce qui nous apparaît comme une « réalité limitée ». Nous en arrivons à toujours remarquer la note positive, le rire, le sourire, l'échange, la couleur, la rencontre, qui contribuent à notre bien-être. En focalisant nos pensées sur notre bien-être constant, nous nous réalignons corps et âme sur notre vibration dominante voulue.

Certaines caractéristiques dominantes chez autrui risquent de nous agacer à la longue. À force de les observer, nous les intensifions par l'effet de la loi d'attraction. En focalisant notre attention sur ces comportements qui nous dérangent, nous les soulignons et envoyons en message qui dit « encore » à l'Univers. Nous attirons de ce fait une réponse immédiate à notre agacement. Cette réponse que nous ressentons comme « négative » n'est que le reflet de la vibration de mal-être que nous émettons. La focalisation de nos pensées sur les défauts des autres intensifie la vibration de ces défauts et attire davantage la manifestation de ceux-ci!

Pour arriver à émettre une vibration harmonieuse, à alléger ainsi la relation et à l'aligner sur notre désir de bien-être relationnel, nous pouvons choisir de nous concentrer sur les caractéristiques qui nous plaisent chez l'autre. En imaginant ces qualités, en les visualisant dans leur manifestation parfaite, nous les activons davantage et intensifions leur manifestation. Notre vibration harmonieuse enclenche la vibration des caractéristiques harmonieuses chez l'autre… et les comportements agaçants disparaissent comme par enchantement.

> Faites le test maintenant. Dans quelle relation vivez-vous de l'agacement par rappport au comportement d'autrui? Trouvez chez l'autre une caractéristique qui vous plaît vraiment. Pendant deux semaines, imaginez l'autre personne en soulignant cette caractéristique chez elle, dans tous ses détails. Par exemple, je suis agacée par le comportement bruyant d'une personne. Je tente d'oublier l'étiquette « bruyante » que je lui ai collée et je me rends compte que j'apprécie beaucoup son côté enjoué et joyeux. Pendant quinze jours, je visualise cette personne très enjouée et joyeuse, je la vois se comporter de manière enjouée et joyeuse, je me vois interagir avec elle dans ces moments de joie et de rires, je savoure ces moments de joie et de rires partagés, etc. Soyez certain qu'après deux semaines, non seulement vous ne serez plus agacé par son côté bruyant, mais ce côté bruyant aura vraisemblablement

disparu ou se sera considérablement amoindri, car vous n'êtes plus en harmonie vibratoire avec cette caractéristique!

Les vibrations qui nous servent sont les schémas vibratoires qui nous procurent une attente positive. En ressentant l'émotion qui nous sert, nous vivons un véritable bien-être dans tout notre corps. Notre esprit est en paix et notre âme, sereine. Nous sommes bien, tout simplement. Les émotions qui nous procurent du bien-être sont la joie, la paix, la bonté, la générosité.

Le mal-être est le reflet de vibrations qui ne nous servent pas. Les émotions négatives que nous ressentons telles que la colère, la jalousie, la rancœur, la tristesse, etc., activent le mal-être en nous et cette vibration déclenche une manifestation accrue de ce mal-être si nous n'y faisons pas attention.

Il est donc essentiel que nous arrivions à créer une vibration dominante voulue, pour ne plus subir les événements de notre vie, mais pour pouvoir les créer délibérément en accord total avec notre être le plus profond.

Vos exercices de bien-être :

- Focalisez vos pensées sur ce que vous voulez être, avoir ou faire, pendant 30 jours consécutifs.
- Transformez vos relations en vous concentrant pendant quinze jours sur ce qui vous plaît chez l'autre : ses qualités.

Chapitre 4

Créer par défaut

Nous parlons souvent de l'état du monde dans lequel nous vivons. C'est par facilité que nous jouons les victimes lorsque nous évoquons ce sujet. Nous subissons les événements de notre vie et, par nos sempiternelles plaintes, perpétuons cet état des choses.

Nous ne connaissons pas encore le pouvoir que nous donnons aux « problèmes » qui nous arrivent lorsque nous y accordons toute notre attention. Rien que le mot *problème* appuie l'essence même de la difficulté à laquelle nous sommes confrontés. Il nous suffirait d'utiliser le mot *situation* ou *contraste* pour réduire l'intensité énergétique de nos pensées à leur égard. Ces mots étant neutres, ils n'ont pas le même impact sur la manifestation des choses.

Encore plus simple, il nous suffit de ne pas parler de ces « situations difficiles ». Nous les reconnaissons, les acceptons, mais sans en parler, sans nous en plaindre. Car les mots sont plus puissants qu'il n'y paraît. Le meilleur moyen de ne pas offrir d'énergie de création à ces contrastes, c'est de les remplacer consciemment dans nos pensées par des situations et des sentiments que nous voulons vivre. Ainsi, nous détournons immédiatement notre attention de nos « problèmes » sur nos « désirs »... et nous créons nos désirs!

En observant les conditions de notre vie, que nous considérons comme notre « réalité », nous y accordons un sentiment de permanence qui n'est pas. Notre observation devient exclusive dans le sens où nous n'envisageons rien d'autre que ce qui nous entoure au moment présent. Or notre environnement actuel est le reflet de nos pensées passées, et non de nos pensées présentes. Nous pouvons donc transformer à tout moment notre environnement en changeant nos pensées.

Pensons des pensées relatives à nos désirs actuels et notre réalité apparente changera immédiatement. Notre environnement de demain se retrouvera transformé si nous changeons consciemment nos pensées maintenant!

Notre focalisation constante sur ce que nous ne voulons pas entraîne des sentiments de colère, de désespoir, une souffrance inutile que nous pourrions rapidement évacuer en détournant simplement nos pensées vers ce que nous voulons voir apparaître dans notre vie.

Avez-vous remarqué qu'à tout moment, nous disons plus facilement : « Je ne veux pas – *je ne veux pas qu'il me parle comme ça... Je ne veux pas faire ce qu'il me demande... Je ne veux pas vivre ce genre de situation...* »

Et si, plutôt que de réciter « je ne veux pas » à tout propos, nous commencions à nous intéresser à « je veux »? Nous sommes responsables de notre propre « malheur », de notre propre vie actuelle. Personne d'autre ne l'est à notre place. Commençons dès lors à endosser la responsabilité de notre vie en accordant toute notre attention à ce que nous voulons y voir apparaître.

Demandez-vous maintenant : « Qu'est ce que je veux être/faire/avoir dans ma vie maintenant? ». Rédigez ensuite une liste de 50 choses ou situations que vous voulez attirer dans votre expérience. Vous aurez rapidement l'impression de ne plus savoir que demander. Rêvez grand, voyez grand, car vous pouvez obtenir tout ce que vous voulez!

Le processus universel de l'attraction est tel que la vibration que vous envoyez à l'Univers dans votre demande va immédiatement attirer une réaction et l'Univers va vous répondre instantanément. Il est important de savoir cependant que l'Univers ne fait pas la distinction entre une formulation positive ou négative... il répond, c'est tout.

Donc, si vous demandez : « Je ne veux pas revivre de conflit », l'Univers va répondre en vous envoyant un conflit. Ce n'est pas ce que vous voulez, n'est-ce-pas? Pensez toujours à bien formuler vos demandes en les axant sur ce que vous voulez! Ainsi, « je ne veux pas revivre ce conflit », devient à l'opposé « je veux vivre des expériences harmonieuses, d'entente, d'échanges vrais, de... » (à vous de remplir les pointillés).

Vous voulez mettre l'accent sur l'expérience que vous souhaitez expérimenter. C'est la clé de la création de la vie de vos rêves!

La peur, la préoccupation et l'anxiété qui enveloppent votre demande lorsque vous la formulez sous la forme « je ne veux pas », sont des émotions de mal-être qui vont provoquer comme réponse instantanée un accroissement de ces ressentis. L'Univers va entendre la demande positive sous-jacente à la demande négative et cette demande, renforcée par votre ressenti de peur, de préoccupation et d'anxiété, va vous être renvoyée multipliée. Vous allez donc vivre d'autres situations de peur, de préoccupation et d'anxiété. Une fois de plus, ce n'est pas ce que vous voulez.

Vous voulez vivre des expériences de confiance en vous, de sérénité et de bien-être, n'est-ce pas? Alors, demandez-le très clairement. Ne tournez pas autour du pot! Soyez franc et clair dans vos demandes.

« Impossible », me direz-vous, si je vous certifie que vous pouvez créer TOUT ce que vous voulez. Pourquoi pensez-vous ça? C'est une croyance dont vous avez hérité. Nos croyances nous paralysent. Elles nous maintiennent dans les limites de l'acceptable, des possibilités admises par la société. Ces empreintes sociales sont bien lourdes à porter. Quel héritage nous acceptons là.

Heureusement, une croyance peut être remplacée par une autre. C'est notre choix. Effacer les anciennes croyances ne sert à rien si vous n'y mettez rien d'autre à la place. Voici un petit exercice qui peut vous aider dans ce processus de transformation de vos croyances.

> Avant tout, établissez la liste des croyances qui ne vous appartiennent pas et qui ne vous conviennent pas. Celles que vous avez héritées de vos parents, de l'école, de la société, de la religion, etc. Par exemple : *L'argent ne pousse pas sur les arbres; Il faut travailler dur pour gagner sa vie; La vie est une dure lutte…*
>
> Remplacez ensuite ces croyances par des affirmations qui vous conviennent, que vous créez et que vous vous appropriez. Par exemple : *J'attire l'argent aisément et sans effort; Mon activité me passionne et me fait gagner beaucoup d'argent; Ma vie est simple, facile, aisée et sans effort…*
>
> Répétez ces affirmations cinq minutes tous les jours, et très vite elles deviendront partie de vous.
>
> L'Univers se fera un plaisir de répondre à n'importe laquelle de vos croyances. Autant faire en sorte qu'elles vous apportent ce qui vous convient et ce que vous voulez!

Les regrets nous hantent lorsque nous provoquons des manifestations non désirées, par nos croyances ou nos pensées. Ces regrets sont dus à l'impression de permanence que procurent ces manifestations lourdes à gérer. Nous nous sentons impuissants par rapport à elles et versons facilement dans la victimisation et le rejet de la faute sur autrui.

Or nous avons en main tous les outils nécessaires pour transformer ces manifestations de nos « je ne veux pas » et créer véritablement nos « je veux ». Une fois que nous appliquerons de manière habituelle le processus de création délibérée, nous n'aurons plus de regrets du tout! Nous serons toujours reconnaissants de ce que nous vivrons, car nous saurons que tout ce qui apparaît sur notre parcours est l'une de nos créations, inconscientes ou conscientes. Et que nous avons le pouvoir de les changer si nous le voulons.

Pour cela, il nous faut décider consciemment de réduire nos résistances, en reconnaissant notre propre responsabilité dans la manifestation de la réalité qui nous entoure et en demeurant ouverts à toutes les possibilités que nous nous offrons à nous-mêmes. La vie nous offre les occasions que nous avons demandées. Il n'y a pas de hasard ni de coïncidences. Seulement des demandes et des réponses instantanées à nos demandes.

Cessons de résister aux événements et acceptons-les en reconnaissant le rôle que nous y avons joué. Abandonnons-nous à tout ce qui nous arrive, laissons-nous glisser au fil de la vie et tout, je dis bien tout, ce qui nous semble poser « problème » se résoudra de lui-même. Soit nous seront inspirés à entreprendre telle ou telle action, soit le « nœud » se défera imperceptiblement, selon nos pensées et notre ressenti.

> Avez-vous déjà vécu ce genre de journée qui commence mal... et se poursuit mal? Avez-vous déjà observé quelles étaient vos pensées lorsque cela vous arrive? La prochaine fois que vous vous levez du pied gauche, observez vos pensées et décidez de changer immédiatement votre focalisation en passant de « Encore une mauvaise journée qui commence! » en « j'ai l'intention de passer une bonne journée aujourd'hui, pleine de rires, de joie, de légèreté, etc. » En agissant de la sorte, vous recentrez vos énergies et vous réalignez vos pensées sur

ce que vous voulez! Faites le point à la fin de votre journée, vous verrez que vous aurez passé une journée de rêve!

La félicité, nous la vivons lorsque nous recevons le flux de la vie. Lorsque nous nous alignons sur ce qui nous apporte le bien-être, la vie peut s'écouler à travers nous sans aucune résistance. Nous la laissons couler en nous et nous recevons simplement tout ce qui nous vient. Nous sommes alignés sur la source, et tout événement, situation et relation se déroulent paisiblement, sereinement et sans heurt. Lorsque des situations difficiles surgissent, nous les acceptons sans nous y attacher, sans nous y arrêter, et nous nous focalisons uniquement sur le bien-être que nous voulons ressentir à tout moment.

Ces moments difficiles, que j'aime appeler « contraste », nous servent de repères pour nous permettre de pivoter et de retrouver la clarté sur ce qui est. Le mot *contraste* permet de demeurer neutre par rapport à une situation que nous avons tendance à étiqueter en terme de « problème ». *Problème* est un mot à connotation négative qui émet une vibration basse et en attire donc d'autres. Si nous voulons observer nos « contrastes » avec détachement, quoi de mieux que de leur donner la tonalité neutre qui leur est propre. Le contraste n'est ni bon ni mauvais en soi. C'est un indicateur de notre non-alignement sur notre bien-être. C'est le phare qui éclaire notre chemin vers la félicité et la clarté.

En observant le contraste, nous pouvons mieux formuler nos désirs véritables et positifs. Il nous suffit d'exprimer clairement ce que nous voulons, puis de laisser aller notre désir émis et d'anticiper avec joie et ravissement sa manifestation. Lorsque nous exprimons « je veux vivre dans une belle maison », nous envoyons un message vibratoire qui imprègne la Substance Informe et sa réponse est immédiate. La manifestation de cette réponse se produit lorsque nous ne lui offrons aucune résistance. Pas de doutes, de craintes, de peurs, de colère ou de rancune… uniquement la joie délicieuse de l'anticipation joyeuse.

Nous aimer est la clé qui ouvre nos propres barrières, ces barrières qui freinent la manifestation de nos désirs les plus chers. C'est en nous aimant que nous pouvons recevoir la vie telle qu'elle est et exprimer notre désir illimité pour toutes ces choses dont nous voulons bénéficier. Si nous ajoutons la foi à cet ensemble, nous disposons de la recette suprême du bonheur, de la félicité.

Le désir illimité, nous ne le reconnaissons qu'en aimant qui nous sommes, là où nous sommes, en acceptant que tout est parfait maintenant et en croyant fermement que tous nos désirs sont assouvis. À tout moment. À l'infini.

Pour arriver à ce niveau de vibration élevée, nous nous concentrons uniquement sur le sentiment de bien-être en nous. Nous cherchons à nous sentir bien en toute circonstance, car chaque situation recèle la perle d'un instant de bonheur et de joie. En appréciant ces petits moments, nous réactivons la vibration supérieure qui nous relie à la source et nous aligne sur notre désir le plus profond. Dans cet état de béatitude, nous visualisons notre désir réalisé en le ressentant jusque dans nos moindres cellules et en jouissant de sa présence manifestée.

C'est à force de pratique et d'abandon que nous pouvons atteindre l'état de félicité total que connaissent les sages de ce monde.

De manière très pratique, jouons au jeu de la fée…

- Rédigez la liste de ce que vous ne voulez pas expérimenter.
- Indiquez ensuite les éléments que vous voulez expérimenter (en retournant à 180° les éléments de la première liste).
- Spécifiez *pourquoi* vous voulez obtenir ces éléments.
- Imaginez une baguette magique entre vos mains et voyez tous ces désirs instantanément réalisés.

- Ressentez profondément et visualisez ce que cela vous fait de vivre tous ces désirs réalisés dans votre vie.

Cette visualisation accompagnée de ce ressenti d'anticipation joyeuse ouvrent les portes de la manifestation de votre désir. L'Univers vous a déjà répondu!

Et vous ne créerez plus par défaut!

Vos exercices de bien-être :

- Remplacez le mot *problème* par *contraste* ou *situation.*
- Ne parlez pas de vos contrastes, n'y pensez pas. Pensez uniquement à vos désirs.
- Rédigez une liste de 50 choses que vous voulez être/avoir/faire maintenant.
- Transformez vos croyances.
- Pivotez votre pensée lorsque vous vous levez du pied gauche.
- Jouez souvent au jeu de la fée.

Chapitre 5

La résistance

Si notre désir change constamment, c'est parce que nous sommes à tout moment confrontés à de petits contrastes qui déclenchent en nous l'apparition de nouveaux désirs. Ces contrastes influencent nos humeurs et nous encouragent à nous réaligner sur notre véritable but. Les désirs naissent des contrastes. Ils en sont les fruits.

Une fois que nous déterminons notre désir à la suite du contraste que nous expérimentons, ce désir engendre en nous le sens de l'aventure. Nous nous sentons excités à l'idée de l'obtenir et l'attendons, l'espérons avec une anticipation joyeuse. Telle est la force du désir véritable, bien loin du caprice ou du souhait qui ne suscitent qu'une excitation passagère, souvent doublée d'une nervosité et d'un sentiment d'urgence déplaisants.

À la naissance de ce désir, souvent la résistance montre son nez. La puissance de notre désir suscite de la peur en nous : peur d'échouer, peur de réussir parfois. Nous nous retrouvons anxieux et nous mettons souvent à douter de la manifestation finale de notre désir.

Ce sont des réactions liées à nos émotions, à nos souvenirs inconscients d'échecs ou de désillusions douloureuses. La résistance provient de notre mémoire passée, lourde de regrets.

Comment pourrions-nous définir la résistance? La résistance, c'est ne pas aller dans le sens de notre propre bien-être. Nous créons un blocage en nous en voulant à tout prix savoir « comment » la manifestation de notre désir va se produire. Ou « quand » notre désir va se manifester. Ou encore « où » cela va-t-il se produire, « avec qui », etc. Nous voulons contrôler la manifestation du désir et y opposons ainsi une résistance telle qu'elle crée un déséquilibre qui coupe notre alignement sur la vie, créatrice de toute chose.

L'alignement nous procure un sentiment de bien-être profond. Lorsque nous sommes alignés, nous sommes en équilibre et le monde autour de nous également. Nous nous abandonnons à ce qui est et accueillons tous les événements quels qu'ils soient avec confiance et abandon. La clé de l'alignement, c'est l'ouverture à ce qui est. Nous recevons, nous reconnaissons, nous acceptons.

L'acceptation, justement, nous permet de trouver le bien-être que nous recherchons tant. Tout est parfait. Nous nous sentons bien. Tout est simple, clair et pur.

Essayez le petit exercice suivant chaque fois que vous vous sentez déconnecté, non aligné, ou encore anxieux et pressé de voir l'un de vos désirs se manifester.

> À tout moment, dans le courant de votre journée, depuis votre lever jusqu'à votre coucher, chaque fois que vous y pensez, dites : « Tout est parfait ».
>
> Devant une situation tendue, dans un moment de détente agréable, en conversation avec des collègues ou des amis, dites simplement intérieurement : « Tout est parfait ». Vous vous rendrez compte très vite que cette simple phrase installe en vous une totale sérénité, un abandon véritable au pouvoir de la vie. Vous vous sentirez apaisé, revigoré, stimulé. La paix s'installera dans la moindre de vos cellules et vous passerez du mode de « réaction aux événements » au mode « d'action inspirée ». Essayez, cela en vaut vraiment la peine.

La quête du bien-être se pratique comme n'importe quel sport. Il nous suffit de décider que nous voulons nous sentir bien. C'est un choix que nous faisons à tout instant. « Je veux me sentir bien maintenant. Je me sens bien maintenant. » Ce faisant, nous réendossons la responsabilité de notre bonheur car nous reconnaissons être seuls maîtres à bord. Nous seuls pouvons savoir ce qui nous fait du bien. Nous seuls pouvons décider de ce que nous devons faire pour nous sentir bien. Cette pratique du bien-être nous permet d'établir un état permanent de félicité et de joie en nous. Nous créons notre bonheur à chaque seconde.

Pour arriver à établir cette vibration dominante de félicité, la recette est toute simple :

- Penser intensément à ce que nous voulons avoir et le ressentir profondément.
- Décider de nous sentir bien à tout moment, quoi qu'il arrive.
- Apprécier ce que nous avons à chaque instant.

Comment puis-je déterminer ce que je veux? Question simple si nous acceptons de regarder en nous avec clarté et simplicité. Ce que nous voulons nous apporte joie et bien-être. Ce sont les éléments qui nous font vibrer et nous épanouir, qui suscitent une joyeuse anticipation par rapport au bien être que nous vivons et allons vivre. Ce que nous voulons, nous savons que nous l'avons déjà. C'est une évidence. Nous vivons déjà avec notre désir manifesté, il nous imprègne de sa vibration heureuse avant même d'apparaître dans notre expérience.

Pour déterminer si ce désir provient réellement de la source de notre âme, il est bon de nous poser la question : « Pourquoi je le veux? ». En nous demandant pourquoi nous voulons quelque chose, nous touchons à l'essence même du désir et nous activons en nous le ressenti qui va engendrer la vibration puissante, créatrice de sa manifestation. L'énergie que notre ressenti vibratoire émet se renforce et irradie de nous à un point tel qu'elle nous imbibe et nous habite instantanément et de manière permanente.

Cet état habité est un état de félicité totale.

La manifestation de nos désirs se fera en son temps, en son lieu. Nous n'avons pas à interférer avec les circonstances de leur apparition en nous demandant constamment : « Comment cela va-t-il se manifester? ». Le *comment* de la manifestation de nos désirs ne nous concerne pas. C'est du ressort de l'Univers. N'oubliez pas : demandez et vous recevrez. Nous voulons juste demander. Et laisser aller. Une fois notre demande formulée, nous pouvons passer à autre chose. Nous pouvons nous laisser inspirer les actions à entreprendre pour avancer dans la direction de notre désir. Pas pour le concrétiser.

Uniquement pour préparer sa manifestation. Car nous ne savons pas comment, ni quand, ni par qui, notre désir va nous arriver. Nous savons uniquement qu'il est là, et que nous voulons mettre en place le moyen de l'accueillir et de le recevoir.

Laisser aller signifie « s'abandonner, avoir foi que ce que nous demandons est en chemin vers nous, savoir que tout ce que nous voulons est déjà manifesté et n'attend qu'une demande de notre part ». Nous pouvons avoir la certitude que tout – absolument tout – ce que nous désirons, nous l'aurons. Car tous nos désirs sont déjà exaucés avant même d'être manifestés dans la matière. Nous pouvons en être certains. C'est l'essence même de la loi d'attraction. Toute demande engendre la réponse instantanée de l'Univers.

Il est suprêmement important de ne pas offrir de résistance à nos demandes, que ce soit sous la forme de doutes, de craintes, d'angoisses, d'envies malsaines, d'urgence, etc. Nous voulons apprendre à demeurer alignés sur nos demandes afin de laisser le flux de la vie s'écouler dans notre vie sans heurt et sans barrière. L'énergie peut ainsi prendre la forme voulue et imprégner cette forme dans la substance même de l'Univers afin de la manifester dans notre expérience. C'est en alignant constamment nos pensées et notre ressenti sur notre désir de bien-être que nous demeurons ouverts au dessein de la force de vie en nous.

C'est en pratiquant le sentiment d'amour pour tout ce qui est que nous perpétuons notre lien à la source de nos désirs. Nous acceptons ce qui est – notre réalité – sans jugement et sans émotions désagréables, et nous anticipons joyeusement la réalisation de nos désirs. Nous vivons dans le monde virtuel de notre désir réalisé, en ressentant la joie et le bonheur qu'il nous procure, en vivant chaque détail de sa réalisation, en jouissant de chaque parcelle de joie qu'il nous offre. Ainsi, nous ouvrons la porte à l'abondance en désamorçant toute résistance.

Vos exercices de bien-être :

- Jouez le jeu du « tout est parfait » pour vous réaligner sur votre désir profond.
- Utilisez la recette de la félicité tous les jours.
- Une fois votre demande lancée, passez à autre chose et « laissez aller ».
- Apprenez à aimer tout ce qui est.

Chapitre 6

Le contraste

Le point de départ de toute formulation d'un désir est constitué du contraste. C'est la raison pour laquelle nous devons le considérer comme un allié plutôt que comme un ennemi. À partir du contraste qui survient dans notre expérience, nous apprenons à faire pivoter notre pensée et à la diriger vers une situation voulue et choisie.

J'appelle *contraste* toute situation que nous jugeons difficile sur notre parcours. Nous parlons alors de *problème*, de *souci*, d'*événement malheureux*. Toutes ces appellations ajoutent à la difficulté, car de par leur nature et du ressenti qui les accompagnent elles attirent davantage de problème, de souci et de situation malheureuse dans notre vie. Les mots ont également un pouvoir de création, tout autant que les pensées, dans la mesure où ils véhiculent un vécu, un ressenti, un jugement. Ils émettent une vibration liée au sens que nous leur donnons chacun individuellement, selon notre passé, notre vécu, nos expériences.

Je vous conseille à partir d'aujourd'hui de remplacer les termes ci-dessus par un mot plus neutre comme *situation*, *contraste*, *événement*, sans juger ce qui se passe. Très souvent, la situation que nous jugeons difficile s'avérera avec le temps être une bénédiction. Le contraste ouvre très souvent de nouvelles portes avant de nous aider à en fermer d'autres.

Apprenons à observer le contraste, ou la situation jugée difficile. Décrivons-la ou formulons-la par écrit en indiquant clairement tout « ce que je ne veux pas » à partir de ce contraste. Apprenons à nous détacher de ces événements que nous ne voulons pas et qui se manifestent dans notre vie. N'oublions pas qu'ils sont temporaires et qu'ils reflètent uniquement la nature de nos pensées passées. Nous pouvons donc à tout moment décider de créer une situation voulue, à partir des contrastes qui se produisent sous nos yeux.

Les contrastes nous signalent notre « désalignement », un écart de la route que nous voulons suivre. Utilisons-les comme tels, sans nous y attacher. Voyons-les comme des indicateurs d'une voie sans issue, d'une impasse, d'un choix à faire pour notre bien-être total. Petit à petit, nous n'en expérimenterons plus, car le contraste ne sera plus lié à un sentiment de frustration, de colère ou de culpabilité, mais uniquement au sentiment de joie que nous ressentons à l'idée que notre être intérieur, par ses réactions et ses émotions, nous montre la voie de notre bien-être absolu!

La vibration suscitée par le mal-être est une vibration que nous jugeons négative. Le mal-être émet des émotions que nous ressentons comme « mauvaises », « désagréables », « malvenues ». Ces émotions peuvent être regroupées sous la forme d'une échelle décroissante de vibrations basses, comme suit :

- Ennui
- Pessimisme
- Frustration/irritation/impatience
- Accablement
- Déception
- Doute
- Souci
- Blâme

- Découragement
- Colère
- Vengeance
- Haine/rage
- Jalousie
- Insécurité/culpabilité/manque de mérite
- Peur/chagrin/dépression/désespoir/impuissance

Vous remarquerez que la peur, partout présente dans notre société et très véhiculée par les médias, fait partie des émotions qui émettent les vibrations les plus basses. C'est une des vibrations les plus éloignées de la joie, vibration positive par excellence. L'ennui étant la vibration basse la plus proche du contentement, premier niveau des vibrations positives.

> L'identification de « Ce que je veux » est essentielle si nous voulons voir plus clair devant un contraste non désiré. Nous déterminons ce que nous voulons voir se manifester en reprenant « ce que je ne veux pas » et en le retournant à 180°.

Par exemple, si le contraste m'amène à déterminer que « ce que je ne veux pas », c'est craindre de ne pas avoir suffisamment d'argent pour payer mes factures, je retourne cela à 180° et détermine que « ce que je veux », c'est ressentir la joie d'avoir tout l'argent dont j'ai besoin pour payer mes factures et bien plus!

En procédant ainsi, nous utilisons le contraste comme outil de clarification de notre désir!

Le retournement du contraste nous permet d'arriver au bien-être très simplement, très directement et sans culpabilité. Nous nous focalisons sur ce que nous voulons et uniquement sur ce que nous voulons. Nous reconnaissons notre désir véritable à partir de l'inconfort qu'a suscité le contraste en nous. Ce faisant, nous remontons graduellement l'échelle des émotions jusqu'à ressentir un bien-être de plus en plus puissant.

La reconnaissance de ce que nous voulons est cruciale pour atteindre le bonheur que nous recherchons tous. Et cette identification s'effectue facilement grâce au contraste que nous rencontrons!

Notre prise de conscience de l'émotion négative que suscite le contraste en nous est le déclencheur de la formulation de notre désir profond. Nous pouvons alors choisir de transformer la vibration basse de notre mal-être, même passager, en vibration de plus en plus élevée jusqu'à obtenir la vibration voulue du bien-être total et de la joie complète.

Le détachement que nous apprenons à démontrer tout au long de ce processus nous apprend à observer le contraste sans nous y attarder. Nous acceptons ce qui est sans jugement et prenons la responsabilité de conserver un sentiment de bien-être malgré tout. Nous ne subissons plus les événements, mais nous créons à partir de ceux-ci. Ils nous permettent de créer de manière plus délibérée, de devenir responsables de ce qui se passe dans notre vie et de transformer nos pensées en nous concentrant sur tout ce qui va bien dans notre vie.

Le déséquilibre engendré par la pensée continuelle de ce que nous ne voulons pas est un poids lourd à porter. Il empêche tout alignement sur notre source profonde, notre être intérieur. C'est pourquoi il est bon de nous libérer de ce que nous n'aimons pas et de ce qui ne nous « aime » pas… Nous créons ainsi une ouverture, un vide, que nous pourrons remplir avec ce que nous aimons et ce qui nous « aime ».

Ce nettoyage est sain et crucial pour notre bien-être.

> Je ne le répèterai jamais assez : Pour nous libérer de ce qui nous bloque, nous devons le « reconnaître » avant tout. C'est là que le contraste joue son rôle premier. Il nous aide à prendre conscience de ce qui crée un blocage, un inconfort, en nous. Une fois reconnu, nous « l'acceptons », c'est-à-dire que nous l'accueillons sans nous y attacher comme quelque chose qui

est, une énergie comme une autre, tout simplement. Et enfin, nous « laissons aller », nous libérons le blocage. Nous nous vidons de lui et de sa vibration basse. Nous allégeons notre vibration dominante et l'élevons un peu plus.

La création du vide laissé par la libération du blocage ouvre une place pour recevoir le nouveau. L'Univers n'aimant pas le vide, il remplira instantanément cette place avec ce que nous voulons! Bonne nouvelle! En nous libérant de ce qui nous pèse, du fardeau de nos émotions lourdes et de nos vibrations basses, nous nous ouvrons à la réception de ce que nous voulons précisément manifester! Nous avons tout à gagner de cette opération. Le détachement nous libère de la lourdeur et nous permet d'attirer la légèreté et la joie tant désirées.

L'accueil de ce qui est, de l'énergie qui vient à nous, permet à l'Univers en nous et autour de nous de remplir l'espace vide. Avec émerveillement et souplesse, nous recevons maintenant le don de l'Univers, la manifestation d'une de nos pensées. Nos pensées créent. Pensons à ce que nous voulons et nous attirerons ce que nous voulons. Laissons aller les contrastes issus de nos pensées erronées du passé et nous vibrerons sur une tonalité supérieure et attirerons la manifestation de pensées supérieures.

Ce processus requiert cependant de la souplesse, car ce que nous recevons n'a pas toujours la forme de ce que nous demandons. Nous devons rester ouverts à ce que l'Univers nous envoie, car il voit la grande image, le plan global de notre vie, et sait ce que notre être intérieur veut exactement. Ce que l'Univers nous envoie est toujours bien mieux que ce que nous imaginons. Même si de prime abord cela nous semble une erreur, avec le temps, nous conviendrons que l'esprit sait tout mieux que nous. L'esprit voit en nous avec les yeux du cœur. Il nous aime plus que nous nous aimons, bien souvent! Il veut ce qu'il y a de mieux pour nous. À nous d'accepter avec respect et reconnaissance ses dons uniques.

L'observation du contraste offert par les humeurs et la négativité des autres doit s'effectuer sans aucun jugement, avec détachement. Pour accueillir l'autre dans sa nature profonde, nous voulons nous concentrer sur notre vibration dominante et attirer à nous les caractéristiques que nous apprécions chez l'autre. Par notre observation neutre, nous nous attachons uniquement à ce qui nous plaît chez l'autre et focalisons notre regard et notre ressenti sur la caractéristique idéale que nous voudrions voir apparaître davantage chez autrui.

Ce faisant, nous soulignons ces traits qui nous plaisent, nous les apprécions et renforçons ainsi notre vibration dominante à partir de ces appréciations et de ces traits de nature agréable à nos yeux. Notre vibration dominante reflétant ces qualités que nous voyons chez l'autre, la vibration de cette qualité chez l'autre est encouragée et activée, et ces traits apparaissent avec plus de présence grâce à notre concentration sur ses bons côtés.

Nous devons apprendre à sortir de nos limites et à nous ouvrir pour recevoir les possibilités qui se présentent à nous chaque jour. Le contraste met le doigt sur nos blocages et nous indique par le vécu de notre mal-être que nous ne sommes plus alignés sur le désir profond de notre être intérieur. Il nous invite à en prendre conscience et à nous refocaliser sur ce qui nous fait du bien, sur ce que nous voulons expérimenter et ressentir. Si nous arrivons à entendre précisément le message que nous envoie le contraste, si nous sommes prêts à n'opposer aucune résistance à ce qui est, nous baissons notre garde et ouvrons notre horizon et notre être à tous les possibles.

Nous pouvons alors entrer dans la joie aisément et sans effort. Nous nous sentons bien quoi qu'il arrive et arrivons à ressentir le bien-être avec une constance retrouvée. Notre entrée dans la joie s'effectue en concentrant notre attention sur les conditions que nous voulons vivre, en y rêvant et en les ressentant comme déjà réalisées dans notre vie. Si nous arrivons à faire cela tous les jours, pendant cinq minutes seulement, nous installons en nous la vibration dominante de notre désir profond, celui de notre âme. Ce désir vrai irradie la détermination et la joie qui nous habitent en ces temps de visualisation créatrice et il se manifeste instantanément dans la matrice de l'Univers. À nous de nous préparer à l'accueillir et à en recevoir la manifestation concrète.

Il est bon de nous rappeler que rien dans notre vie ou notre société n'a besoin d'être réparé ou arrangé. Il n'y a ni bien ni mal dans l'Univers. Toute chose est tout simplement. Il est inutile de vouloir repousser les situations ou les personnes qui n'entrent pas en harmonie avec nous. Il nous suffit de reconnaître que tout est une question de vibration. Tout est bien partout. Ce qui ne vibre pas selon ma vibration dominante n'a aucune prise sur moi. J'y suis et j'y demeure indifférent, car je concentre mon attention sur ce que je veux. Ma vibration dominante va donc attirer vers moi les situations et les personnes qui vibrent en harmonie avec mon ressenti. Lorsque ce n'est pas le cas, ma focalisation sur mon bien-être et mon désir profond va intensifier la vibration que je veux installer avec constance en moi et la situation ou la personne qui ne vibre pas à ce niveau là, qui ne correspond pas à l'énergie vibratoire que j'émets, va simplement disparaître de mon expérience ou poursuivre son chemin. Je peux à tout moment choisir ce que je veux vivre, et avec qui je veux le vivre.

> Pour vous aider à maintenir à tout moment votre joyeuse vibration dominante par rapport aux situations et aux personnes qui semblent venir perturber le bien-être que vous voulez vivre, je vous invite à créer votre journal d'appréciation et à le remplir tous les jours.
>
> Chaque matin, inscrivez dix points que vous appréciez particulièrement dans votre vie, petits ou grands. Par exemple : j'apprécie d'avoir fait mon lit ce matin, ou j'apprécie d'avoir pris le temps de méditer avant de partir, ou j'apprécie de m'être préparé une bonne tasse de thé vert…

Ensuite, notez dix points que vous avez particulièrement appréciés au cours de votre journée (par exemple, une réunion que vous avez bien menée, un sourire échangé, un repas agréable...).

Enfin, ajoutez-y dix points que vous appréciez en vous ou en la personne qui crée le « contraste » que vous voulez laisser aller, comme j'apprécie d'avoir écouté... sans le/la juger, j'apprécie mon sens du dialogue, j'apprécie la détermination dont j'ai fait preuve...

Par ailleurs, vous pouvez utiliser dans ce cas-ci aussi l'exercice du chapitre précédent et répéter le mantra « tout est parfait ». Vous verrez très vite que ces mots aligneront votre énergie sur la sérénité et la paix universelle. Ils vous procureront une grande forme de détachement par rapport à ce qui se produit concrètement dans votre vie et, par-dessus tout, par rapport aux contrastes.

Vos exercices de bien-être :

- Changez les mots *problème, difficulté*, par les termes neutres *contraste, situation*.
- Identifiez « ce que je veux » à partir du contraste (« je ne veux pas »).
- Apprenez à reconnaître, à accepter et à laisser aller le contraste.
- Récitez le mantra « tout est parfait ».
- Créez votre journal d'appréciation.

« Il y a quelques années, je voulais vraiment acquérir un bateau, alors que mon mari, lui, voulait une maison. Nous louions un logement sur l'île de Maui à Hawaï. Les maisons étaient très chères sur cette île, beaucoup trop pour ce que nous pouvions nous permettre. Si mon mari se focalisait sur la maison en considérant le bateau comme secondaire, la raison pour laquelle moi je voulais une maison, c'était qu'il me fallait un endroit pour entreposer le bateau!

Au début, il nous semblait impossible d'avoir l'argent nécessaire pour acheter le bateau, et encore moins la maison! J'ai commencé à penser au comment. *Comment obtenir suffisamment d'argent pour les deux? Comme je n'arrivais pas à imaginer comment faire, j'ai commencé à me sentir mal. J'ai essayé de justifier l'échec que j'imaginais : après tout, selon la plupart des propriétaires de bateaux, la définition même d'un* bateau, *c'est "un trou dans l'eau dans lequel vous jetez votre argent…". […] mais moi, je me sentais toujours mal. Je n'étais pas en correspondance vibratoire avec le bateau!*

Les gens échouent souvent dans la poursuite de leurs buts parce qu'ils ne sont pas en correspondance vibratoire avec eux : les désirs qu'ils affirment ne sont pas en harmonie avec l'émotion qu'ils ressentent. Si vous n'êtes pas en correspondance vibratoire avec vos buts, vous pourriez jeter votre argent à tout vent, d'une manière ou d'une autre il n'atterrira jamais dans votre poche!

Je me suis finalement rendue compte que si je continuais à penser au comment, *mon bateau coulerait avant même que je ne l'obtienne! J'ai donc cessé de demander* comment – *et j'ai commencé à demander* pourquoi.

"Pourquoi est-ce que je veux ce bateau?"

Pour pouvoir partir au large plus souvent, là où j'adore être.

"Pourquoi est-ce que je veux partir au large – pourquoi est-ce que j'aime ça?"

J'aime aller là où je peux nager avec les dauphins.

"Pourquoi est-ce que j'aime nager avec les dauphins?"

Parce que lorsque je nage avec les dauphins, je suis totalement dans l'ici et maintenant – je me sens si excitée, si bien, si sensuelle, si libre, si connectée, je veux exploser d'amour et d'appréciation!

Ces pensées ont créé des sentiments fantastiques en moi, toujours croissants. J'étais en correspondance vibratoire avec ce que je voulais – et au cours des mois suivants, j'ai pu ainsi acheter une maison d'un million de dollars sur l'île de Maui, avec une petite maison d'hôtes séparée et un bureau annexe, une énorme piscine, un jacuzzi *et une vue magnifique sur l'océan et les îles environnantes… et, bien sûr, ce que je pense être le meilleur bateau au monde! Toute cela est venu rapidement et au moment parfait. »*

Marcy Koltun-Crilley (Marcy from Maui)

Chapitre 7

Notre but

Répétons-le encore une fois : pour trouver le bien-être, nous voulons pratiquer encore et encore les scénarios que nous souhaitons voir se manifester dans notre vie. À force de visualisation, d'imagination, de ressenti et de discussion à leur sujet, nous ne pouvons que les attirer dans notre expérience.

Le processus de création est simple :

- Nous demandons.
- L'Univers répond.
- Nous recevons ce que nous avons demandé.

L'attraction de ce que nous VOULONS, c'est-à-dire le bien-être, est un processus très simple et très direct lorsque nous savons comment l'utiliser sans aucune résistance.

Ce bien-être que nous recherchons tant est le but même de notre venue sur terre. Nous voulons – notre âme veut – trouver la joie ici et maintenant.

Cet objectif si simple, nous avons tendance à le compliquer malgré nous. Alors, comment trouver la joie aujourd'hui?

La joie et le bonheur sont des choix personnels. Nous choisissons d'être joyeux comme nous choisissons d'être heureux. Personne ne peut nous en empêcher si nous le décidons personnellement. Ce choix pour la joie va accroître notre vie. Celle-ci va connaître une expansion hors du commun. La joie est communicative. La joie est contagieuse. La joie fait partie de ces préférences, de ces désirs que nous formulons jour après jour. Nous désirons trouver la joie et le bonheur. Nous décidons d'être joyeux et bienheureux.

Ce choix nous est propre et nous le reprécisons jour après jour, moment après moment. Chaque seconde de notre vie est un moment de choix. Un choix pour la vie. Un choix pour la joie de la vie. Un choix pour le bonheur et le bien-être.

Cette expansion que nous procure la joie résulte de l'amour que nous ressentons lorsque nous sommes en joie. En choisissant la joie, nous pratiquons l'Amour avec un grand A. Nous voulons donner, échanger, partager. L'expansion est inévitable une fois que notre choix est fait.

Par les caresses, le toucher, la douceur, nous nous donnons de l'amour et nous en offrons aux autres. Par l'écoute, nous offrons notre attention teintée d'amour. Notre présence à l'autre est une preuve d'amour, un partage véritable, une reconnaissance généreuse de l'amour que nous lui portons.

> Nous pouvons également imaginer des gestes d'amour lorsque nous nous trouvons dans une situation plus délicate, devant une personne que nous avons du « mal » à aimer. Par l'imagination, nous renforçons le lien d'amour entre elle et nous, nous élevons notre vibration relationnelle et, ainsi, nous permettons à l'autre d'élever sa propre vibration si tel est son choix.
>
> L'imagination est un outil puissant de création de relations idéales. En imaginant notre échange avec l'autre, nous lui insufflons une vibration puissante d'amour qui va s'accroître et grandir pour finalement renforcer cette même vibration chez l'autre. L'amour chez l'autre va pouvoir alors s'exprimer aussi, imperceptiblement, sans aucune manipulation ou rapport de

force. Cela va de soi. Et si l'autre ne peut pas vibrer à ce niveau d'amour, il s'en ira de lui-même ou attirera des situations qui le feront se diriger vers d'autres lieux et d'autres personnes plus appropriées à sa vibration dominante. Il quittera notre environnement discrètement et radicalement.

Il est très simple de vivre heureux ici et maintenant. Ici et maintenant est le seul moment sur lequel nous pouvons avoir prise. Nous pouvons décider de ce que nous allons vivre en ce moment et uniquement en ce moment. C'est en ce moment que nous pouvons ressentir et recevoir le flux de la vie en nous, que nous pouvons décider de nous aligner sur ce flux et de le laisser s'écouler librement en nous et à travers nous. Nous sommes uniquement canal du flux de la vibration universelle. Notre présence à cette vibration nous apporte le bien-être le plus complet qui soit. Si nous ouvrons notre canal au flux de la vibration universelle, nous nous alignons sur elle et nous sommes, en paix, sereins, heureux et comblés. Nous sommes un. Ici et uniquement ici. Maintenant et seulement maintenant.

Nous sommes illimités, car nous vibrons d'une énergie illimitée. Elle nous moule et, à travers elle, nous moulons nos propres expériences. Tel l'artiste qui sculpte la terre pour lui donner la forme de ses rêves, nous sculptons nos désirs illimités dans la matière de la substance illimitée. Nous formons réellement nos expériences, nos contrastes, nos bonheurs, nos malheurs, par nos pensées et notre focalisation actuelles. Ce sont nos pensées présentes qui façonnent notre réalité future.

Nous ne devons surtout pas l'oublier. Nos pensées créent ici et maintenant. C'est la raison pour laquelle nous avons intérêt à contrôler notre attention et nos pensées et à les diriger précisément vers ce que nous voulons vivre ou manifester. La valeur de nos pensées est déterminante pour la manifestation de nos souhaits et de nos désirs profonds. Notre bonheur est à portée de main si nous reconnaissons la valeur suprême de notre pensée.

Nous avons tous quelque chose à apporter au monde. Notre valeur personnelle est un joyau que nous devons reconnaître, apprécier et entretenir. Nous voulons tous contribuer à l'évolution positive de notre entourage, de notre environnement et du monde en général. Je ne connais personne qui n'ait, à quelque échelle que ce soit, une petite envie de soutenir, d'aider et d'apporter quelque chose de beau et de précieux, de chaleureux et de bon, à ceux qui l'entourent. Nous voulons tous avancer et aider les autres à avancer et à progresser.

Notre vœu le plus cher, c'est de voir, entre autres, nos enfants croître, mûrir et développer leurs capacités et leurs qualités premières. En étant présents simplement, ici et maintenant, nous voulons leur témoigner notre soutien et notre écoute. Nous sommes disponibles au moindre de leur appel et nous les épaulons autant que nous le pouvons. Il en va de même de nos amis et connaissances. Nous avons tous le but d'apporter la joie et le bonheur dans la vie des personnes qui nous sont chères, et souvent aussi d'autres personnes avec lesquelles nous entrons en résonance plus ou moins intimement.

Nombre de gens soutiennent des associations d'aide et de service sous la forme d'un bénévolat. C'est là le signe évident que notre but premier, c'est de contribuer à semer la joie et le bonheur dans le monde.

Et nous sommes libres de choisir ce que nous voulons vivre, manifester, créer et apporter. Notre liberté est tout aussi illimitée que notre pensée. Personne ne peut nous contraindre à quoi que ce soit si nous focalisons notre pensée sur notre propre bien-être et sur les conditions de son expérience. En visualisant les situations qui nous apportent le plus grand bien-être, nous émettons une vibration qui attire uniquement les personnes, les circonstances et les coïncidences susceptibles de contribuer à manifester ce Bien-être. Nous sommes vraiment des maîtres créateurs, libres de tout et de tous.

Nous nous développons selon notre rythme et personne ne peut nous forcer à croître dans un sens ou dans l'autre à moins que nous ne lui en donnions le pouvoir. Ce pouvoir « donné » est le résultat de la création par défaut. Si nous ne contrôlons pas nos pensées et que nous les subissons de manière aléatoire, nous abandonnons le pouvoir que nous détenons sur notre vie et sur sa manifestation et perdons ainsi une partie de notre liberté de créer. Nos pensées aléatoires ou folles créent à notre insu et notre croissance devient chaotique et prend souvent une autre direction que celle que nous voudrions lui donner. Pour retrouver notre liberté d'agir et de cocréer, souvenons-nous de nous focaliser uniquement sur le pouvoir total de nos pensées créatrices et créons uniquement ce que nous voulons cocréer.

Ce processus est très simple. Nous pouvons vivre aisément et sans effort. Nous pouvons vivre dans une liberté totale, dotés du pouvoir suprême de la cocréation et de la manifestation de nos désirs les plus profonds. Nous pouvons recevoir simplement ce qui nous est donné, offert et procuré, sous quelque forme que ce soit. Il n'y a rien de difficile en soi. Si nous voulons bien voir la simplicité du procédé, si nous voulons bien nous y abandonner avec humilité, nous y trouverons le bonheur et le bien-être général et éternel!

En recevant ce qui est, en acceptant et en reconnaissant la réalité de notre vie, nous accueillons l'abondance et la richesse de la vie, la générosité totale de l'Univers, dans toute sa splendeur. Nous sommes tout simplement. Nous demandons aisément. Nous recevons sans effort.

C'est l'abandon total. L'Acceptation avec un grand A. Tout est bien. Le nirvana.

Dans cet état de bien-être complet, nous sommes pleins de vie, stimulés, passionnés par la vie et ses cadeaux, émerveillés de ses petits miracles quotidiens.

Comment faire le plein de vie chaque fois que notre attention et notre énergie baissent, chaque fois que notre esprit glisse sur le versant escarpé de la complication et du jugement?

Je vais vous révéler un secret qui n'en est pas vraiment un : c'est la passion qui motive notre envie d'avancer. Sans passion, nous stagnons et nous titubons. Dans ces moments de pénombre et de brouillard, demandez-vous ce qui vous passionne dans la vie.

Posez-vous la question suivante : « Si ma vie pouvait se focaliser sur une seule chose, quelle serait-elle? ».

Vous déterminerez ainsi la grande passion de votre âme, le but de votre âme. Il vous suffit maintenant de concentrer votre esprit sur le ressenti que vous procure la visualisation de cette passion réalisée, de vous voir et de sentir votre passion dans les moindres cellules de votre corps et de votre âme, de vibrer aux notes de cette passion reconnue. Faites-cela tous les jours pendant cinq minutes environ, à votre heure de table, en vous promenant dans le jardin ou en sirotant votre boisson préférée le matin, et vous raviverez très vite l'énergie en vous et referez le plein de vie.

Non seulement cela, mais vous demanderez consciemment à l'Univers de cocréer et de manifester cette passion dans votre vie. Très vite vous constaterez de petites ou de grandes coïncidences apparaître et l'énergie vous mènera vers la réalisation de votre but.

Pour vivre la vie que nous désirons vivre, il est important que nous nous responsabilisions de cette manière, en reconnaissant et en acceptant nos vrais buts, nos vraies passions, nos vraies valeurs.

L'exercice cité plus haut vous permet de déterminer le but suprême de votre âme. Le petit exercice qui suit vous aidera à déterminer vos cinq passions présentes. Les passions sont changeantes. Elles évoluent au fur et à mesure de notre développement et de notre croissance.

Elles sont le reflet de nos précieuses valeurs et nous permettent de ressusciter et de renouer avec notre créativité innée. Cette créativité qui ne demande qu'à s'exprimer et qui nous hante lorsque nous ne la laissons pas s'extérioriser.

L'exercice que je vous propose consiste à reprendre l'exercice ci-dessus et à y ajouter un petit supplément.

Posez-vous à nouveau la question :

« Si ma vie pouvait se focaliser sur une seule chose, quelle serait-elle? ».

Ensuite, demandez-vous :

« Et si ma vie pouvait se focaliser sur une deuxième chose, quelle serait-elle? ».

« Et sur une troisième chose? ».

« Et sur une quatrième chose? ».

« Et sur une cinquième chose? ».

Vous aurez ainsi défini les cinq passions principales qui vous animent en ce moment.

Chaque fois que vous ressentirez une baisse d'énergie, concentrez-vous sur la réalisation d'une de ces passions, celle qui vous parle le plus à cet instant. Manifestez-la physiquement ou virtuellement, par l'action ou par la visualisation.

Chaque fois, laissez-vous mener par votre ressenti. Faites ce qui vous fait du bien, ce qui vous procure le plus grand bien-être à l'instant même.

Ce faisant, et à force de faire les exercices proposés dans ce manuel, vous obtiendrez l'intime conviction, vous ressentirez dans la moindre de vos cellules, que « tout est possible ». Le pouvoir que vous reconnaîtrez dans la manifestation de vos désirs vous procurera une telle confiance et une telle foi que votre énergie s'en trouvera vivifiée. La manifestation continue de vos moindres désirs dépassera le stade du test et se poursuivra dans un flux continuel et régulier. Les possibilités de manifestation seront évidentes. Votre détermination sera telle que vous rayonnerez la force infinie du maître créateur. Votre force reconnue irradiera et influencera quiconque vous approchera et sera en phase avec votre nouvelle vibration dominante. Vous attirerez des âmes intimement connectées à votre nouveau stade de développement et votre vie se transformera doucement mais sûrement. Votre vibration émettra le message constant du « tout est possible » et votre assurance impressionnera ceux qui résonneront et se reconnaîtrons en vous.

Aventurier dans votre vie, vous déciderez de trouver la richesse, si tel est votre désir, en vous montrant ardent dans votre recherche. Sachant les possibilités illimitées qui vous sont offertes, vous savez dans votre for intérieur que la richesse est à portée de main. Elle existe pour tous et sa présence est constante. C'est à nous de la reconnaître, d'y accéder et de la recevoir en nous abandonnant au flux de la vie et à l'abondance de l'Univers sous toutes ses formes. L'abondance et la richesse sont illimitées comme la Substance Informe dont elles proviennent. Elles sont la substance et sont donc, par nature, omniprésentes et omniscientes. Entretenez des pensées riches et abondantes et vous demeurerez dans la richesse et l'abondance.

Si vous voulez trouver la santé ou la conserver, demeurez souple par rapport à la vie et à ce qu'elle vous apporte. Soyez fort et ressentez votre force intérieure innée. Soyez persuadé de votre bonne santé et cultivez-la par la focalisation de vos pensées sur les éléments qui vous font sentir en pleine santé. Soyez assuré de votre bien-être constant et votre bonne santé en découlera. Si vous n'offrez aucune résistance au flux de la vie en vous, aucun blocage ne viendra entraver son écoulement et l'énergie en vous fera son chemin et procurera le bien-être et la guérison à chacune et à toutes les cellules de votre corps. Entretenez des pensées saines et votre corps demeurera sain!

Si l'un de vos désirs consiste à trouver la relation idéale, concentrez-vous sur l'amusement que vous ressentez en présence de la personne idéale. La joie et l'amusement forment la base saine de toute relation intime. La relation idéale doit vous vivifier. Vous devez ressentir la passion vous gagner et envahir l'ensemble de votre corps et de votre âme. C'est avec passion que vous imaginez l'homme ou la femme idéale que vous souhaitez voir à vos côtés. C'est avec joie que vous visualisez votre vie à deux, avec ou sans enfants. La relation idéale, qu'elle soit amicale ou amoureuse, est sous-tendue par la joie et l'amusement qu'elle procure aux deux partenaires dans l'échange. Entretenez votre sentiment passionné et vous conserverez une relation idéale avec l'être aimé ou l'ami cher.

Le but de votre âme est la clé de votre bonheur. Recherchez-le, découvrez-le, mettez-le en œuvre et vous serez heureux. Osez rêver. Voyez grand.

> Par exemple, imaginez-vous en train de vivre jour après jour la passion qui vous hantait lorsque vous étiez enfant. De quoi rêviez-vous alors? D'être artiste? Coureur de fond? Danseuse? De voyager à travers le monde? De créer des pièces de théâtre?
>
> Retrouvez cette passion d'enfant, envisagez-la à nouveau et voyez si la joie et l'amusement vous gagnent toujours lors de sa réalisation. Si la passion vous tient, vous avez mis le doigt sur le but de votre âme. La tranche d'âge de sept ans à quatorze ans est celle où notre âme s'exprime avec une totale transparence. C'est à cet âge-là que soit nous l'écoutons et suivons son message, soit nous l'étouffons et poursuivons la voie que notre raison ou la société nous encourage à suivre.

Laissez à nouveau parler votre cœur d'enfant, écoutez-le et suivez ses instructions cette fois. Vous ne serez pas déçu. Il vous mènera tout droit à votre but!

Vos exercices de bien-être :

- Renforcez le lien d'amour qui vous relie à ceux qui vous semblent « difficiles » à aimer.
- Découvrez la passion de votre âme.
- Identifiez vos cinq passions présentes et agissez dans leur sens pour faire le plein d'énergie.
- Vivez votre rêve d'enfant.

Chapitre 8

Le processus de manifestation

« Ce qui est interne crée ce qui est externe ». Sans doute avez-vous déjà entendu cet adage. Il s'agit d'un principe fondamental qu'il est important de se rappeler. Nos pensées et nos sentiments créent ce qui se produit dans notre vie. Ils ont ce pouvoir et cette force et répondent simplement aux principes de la loi d'attraction universelle :

Pensées => Sentiments => Manifestations.

Nous manifestons ce et ceux qui nous entourent par nos pensées et notre ressenti. L'équation est très simple à retenir. À nous de l'utiliser judicieusement plutôt que de la subir.

Le processus de manifestation se déroule de la manière suivante.

Nos pensées, accompagnées de nos sentiments, engendrent des actions qui créent des résultats spécifiques :

Pensées => Sentiments => Actions => Résultats.

En pensant et en ayant un ressenti spécifique par rapport à ces pensées, nous sommes poussés à agir dans une certaine direction et d'une certaine manière, et cette action provoque des conséquences sous la forme de résultats. Si nous arrivons à décider à l'avance du résultat que nous désirons obtenir et à penser en conséquence, nous pouvons contrôler le processus de manifestation et en être maître. Si, par contre, nous laissons nos pensées prendre le contrôle, si nous les subissons selon les circonstances que nous traversons, nous obtenons souvent des résultats non voulus que nous devons malgré tout assumer.

Alors, comment obtenir les résultats que nous désirons?

Pour arriver à obtenir nos résultats voulus, nous devons changer notre façon de procéder.

Inversons tout simplement la formule :

Pensées + Sentiments => Actions => Résultats

en

Résultats => Actions => Pensées + Sentiments

Visualisons les résultats ou intentions voulues, envisageons les actions nécessaires et lançons ou entretenons les pensées et les sentiments voulus pour arriver aux résultats.

C'est le principe de la visualisation créatrice, qui crée une image idéale du résultat voulu. Prenons l'exemple d'un athlète international. Cette personne imagine sa vie en tant qu'athlète reconnu, elle en ressent les moindres joies et plaisirs, elle se voit s'entraîner, participer aux compétitions, gagner, relater ses exploits au micro des journalistes. Par ailleurs, elle entreprend les actions inspirées par son rêve pour arriver au niveau sportif souhaité, par exemple, s'inscrire dans un club, s'entraîner, choisir un *coach*, prendre contact avec les personnes susceptibles de l'aider, trouver un groupe de soutien, etc.

Bref, elle vit ici et maintenant dans la peau de l'athlète international qu'elle deviendra. Elle est déjà cet athlète. Elle vit sa vie, avec sa pensée et son ressenti constamment tournés vers son idéal. Elle est cet athlète international en devenir.

Telle est la solution toute trouvée si vous n'obtenez pas vos résultats voulus : changer la formule de base. Trop souvent, dans une telle situation, nous avons tendance à entreprendre d'autres actions, des actions différentes, sans comprendre que ce sont nos pensées et nos sentiments internes qui influencent chaque action que nous entreprenons.

Voici une analogie qui vous permettra de bien comprendre le processus :

Imaginez que vous portez des lunettes de soleil jaunes et que vous voulez repeindre l'un de vos murs en blanc. Vous aurez beau acheter toutes sortes de « nouvelles peintures blanches » et tenter toutes sortes de « nouvelles techniques » de peinture, vous n'arriverez jamais à obtenir un mur blanc si vous portez des lunettes qui modifient votre vision en la colorant de jaune! Ce que vous devez faire, c'est enlever vos lunettes (votre vision limitée) et vous pourrez alors admirer le beau mur blanc que vous venez de peindre.

Une transformation interne est nécessaire. Transformez vos résultats de manière efficace et permanente en transformant simultanément vos pensées et vos sentiments internes, de même que vos actions.

En transformant ce qui se passe en vous, vous transformerez ce qui se passe autour de vous.

Manifester ce que nous voulons par-dessus tout – ce que nous voulons tous –, le bien-être, la santé, la richesse, les relations épanouissantes, est possible si nous nous concentrons en permanence sur l'abondance. Ainsi, l'abondance peut se développer dans votre vie, et croître en vous et autour de vous! Ce manuel vous offre de nombreux « outils » pour vous aider à vous « entraîner » et à consciemment reprogrammer vos pensées sur le bien-être et l'abondance!

S'aligner sur le bien-être et l'abondance intérieure est essentiel à la reprogrammation de nos pensées. En n'offrant aucune résistance au flux de ce bien-être en nous, nous constatons immédiatement que le mode de fonctionnement sur lequel nous avons été programmés ne fonctionne pas.

Voici à quoi il ressemble :

« Je dois FAIRE quelque chose pour AVOIR quelque chose pour pouvoir ÊTRE, par exemple, prospère, heureux, en bonne santé, entouré d'amis… ».

FAIRE – AVOIR – ÊTRE

Nous pensons souvent que si nous FAISONS certaines choses (par exemple, gagner de l'argent), nous AURONS (une belle maison, une deuxième voiture), et qu'une fois que nous ferons et aurons ces choses, nous SERONS abondants, heureux…

Dans ce mode de fonctionnement, nous n'obtenons ce que nous voulons (abondance, bonheur, bien-être) que dans le futur! Ce qui veut dire qu'ici et maintenant, nous nous sentons pauvres (non abondants), malheureux (non heureux)… Notre ressenti étant celui du manque (d'abondance, de bonheur, de relation épanouissante), par la loi d'attraction, nous attirons davantage de manque! Et ce n'est pas du tout ce que nous voulons!

Pour pouvoir attirer ce que nous désirons (abondance, bien-être, etc.), nous voulons partir d'un ressenti d'abondance, de bonheur et de bien-être! Nous voulons reprogrammer notre système de fonctionnement... et passer à la méthode ÊTRE – AVOIR – FAIRE.

Comme vous le constatez, le point de départ de cette approche est dans l'ÊTRE (abondants, heureux). C'est l'abondance réalisée ici et maintenant. Grâce au pouvoir de la loi d'attraction, cette méthode vous permet de développer encore plus d'abondance!

Car c'est en étant maintenant qui nous voulons être (ressentez le pouvoir de ces mots), que nous attirons à nous ce que nous voulons avoir, et que nous nous sentons inspirés à faire ce qui nous permet de continuer à être.

Mais comment partir de ce ressenti de bien-être si vous vous trouvez dans une réalité de mal-être, par exemple, un travail que vous n'aimez pas.

C'est très simple : apprenez à reconnaître vos qualités internes d'abondance – que vous possédez déjà, mais que vous ne voyez généralement pas parce que vous vous concentrez si souvent sur ce que vous n'avez pas! Il est important de vous concentrer sur ces qualités propres, de les exprimer et de les nourrir afin de développer votre ressenti d'abondance et de bien-être.

Voici les qualités et les caractéristiques fondamentales que toutes personnes authentiquement abondantes possèdent :

Le courage
La créativité
La générosité
L'ouverture
La réceptivité
La régularité
La discipline
La clarté
La gratitude
La détermination
…

Reconnaissez-vous ces qualités en vous? Admettez-vous que vous les possédez déjà toutes à un certain degré? Que vous êtes déjà… (remplissez les pointillés à volonté).

Ce sont là vos qualités internes d'abondance. En les reconnaissant et en les développant, vous allez commencer à développer l'abondance externe dans votre vie!

Voici un moyen de cultiver et de développer ces qualités en vous. Choisissez une de ces qualités d'abondance et posez-vous régulièrement la question suivante tout au long de votre journée :

« De quelles manières est-ce que je SUIS ou est-ce que j'ai ÉTÉ… (la qualité que vous avez choisie) aujourd'hui? ».

Par exemple : « De quelles manières est-ce que je SUIS ou est-ce que j'ai ÉTÉ généreux aujourd'hui? ».

Un autre moyen de nourrir ces qualités d'abondance consiste à créer un journal de l'abondance dans lequel vous reconnaissez chaque soir ou chaque matin ces qualités en vous.

Chaque jour, inscrivez « je me reconnais et je me félicite d'avoir ÉTÉ... (choisissez une des qualités de l'abondance) aujourd'hui pour avoir... ».

Par exemple : « Je me reconnais et je me félicite d'avoir ÉTÉ COURAGEUX aujourd'hui pour avoir téléphoné à mon client afin de lui annoncer l'augmentation de mon tarif ».

Vous pouvez vous concentrer sur votre activité, sur votre vie personnelle, sur vos relations, peu importe. À vous de choisir quel domaine de votre vie a besoin d'être soutenu et transformé maintenant.

Si les deux approches FAIRE–AVOIR–ÊTRE et ÊTRE–AVOIR–FAIRE décrites plus haut diffèrent dans leur séquence, elles diffèrent également sur le plan des actions qu'elles encouragent. Ainsi, l'approche FAIRE–AVOIR–ÊTRE a comme point de départ le fait d'agir pour obtenir les résultats voulus.

Quand je parle d'agir, je parle d'actions directement liées au résultat que je veux obtenir. Par exemple : Mon bureau est en désordre, je désire qu'il soit rangé. Actions : Je jette à la poubelle les papiers chiffonnés, je range les documents dont je n'ai plus besoin dans les dossiers appropriés, etc.

Ce sont des actions directes qui donnent comme résultat un bureau bien rangé.

Nous sommes habitués à agir pour obtenir un résultat voulu. Or, dans certaines situations, les actions directes ne suffisent pas à procurer le résultat voulu. Par exemple : Si je suis indépendant et que je veux améliorer mes résultats et obtenir 5 000 $ de bénéfice en plus par mois, il est très probable que les actions directes que je réalise déjà (prospection de clientèle, suivi, achat des fournitures nécessaires, etc.) soient impossibles à réaliser par moi seul désormais, à moins de travailler jour et nuit. Et si je ne réalise pas ces actions et n'obtient pas ces résultats, il est fort probable que je me culpabilise ou que je me juge négativement.

Il est clair que dans cette approche FAIRE–AVOIR–ÊTRE, le point de départ est le manque (de temps, d'argent, de moyens…) et toute action que j'entreprends est réalisée pour « résoudre » un problème ou « sortir » du manque. Je parle ici de travailler dur et de faire des efforts!

L'approche ÊTRE–FAIRE–AVOIR a un tout autre point de départ. Lorsque je suis abondant, généreux, passionné, je suis INSPIRÉ à agir d'une certaine manière pour obtenir ce que je veux, avec ce que j'ai. Ces actions inspirées ne sont pas nécessairement directement liées au résultat voulu, mais elles entretiennent ma passion, mon abondance, ma générosité. Elles maintiennent mon énergie « attractive » et m'aident à « attirer ou aimanter » l'abondance.

> Ce que je suis et ce que j'ai m'inspirent à agir. Les actions indirectes sont des actions inspirées qui me stimulent et me nourrissent afin d'avancer et d'obtenir les résultats voulus.
>
> Pour reprendre l'exemple plus haut, après avoir rangé une partie de mon bureau, je peux ressentir l'envie d'aller me promener. Après avoir nettoyé mon ordinateur de ses fichiers inutiles, je peux avoir envie de faire une sieste. Après avoir

aspiré la pièce, je peux me sentir inspirée de rendre visite à quelqu'un.

Ces actions indirectes sont en quelque sorte des formes de célébration du travail bien fait… et contribuent à maintenir mon niveau d'énergie élevé, plutôt que de me « forcer » à ranger et à nettoyer contre mon gré.

Si je reprend l'exemple des 5 000 $ par mois que je désire obtenir en plus de mon chiffre d'affaires habituel, ranger mon bureau pourrait être une action indirecte, sans lien direct avec l'obtention de mon résultat, ou aller à mon cours de gym, ou prendre un jour de congé pour bouquiner dans une bibliothèque. Toutes ces actions indirectes sont essentielles au maintien d'un niveau d'énergie abondant!

Vous l'aurez deviné, comme en toute chose, la clé de l'abondance est l'intégration équilibrée de ces DEUX types d'actions dans notre emploi du temps. Alors, quelle action directe allez-vous réaliser aujourd'hui pour atteindre votre but. Et quelle action indirecte allez-vous effectuer pour maintenir votre énergie au summum de l'abondance?

Un autre concept important est celui de la régularité. Devant les actions que vous voulez réaliser ou que vous êtes inspiré à réaliser, pensez uniquement à faire quelque chose chaque jour. C'est en avançant étape par étape que vous pourrez développer votre activité. Chaque jour, une action directe entreprise en direction de votre but vous rapprochera de l'objectif. Sans vous forcer, sans vous épuiser.

Ce n'est pas la quantité d'actions qui est importante. Vouloir effectuer en un jour toutes les actions inscrites sur votre liste de tâches ou dans votre agenda risque de vous placer dans une position de manque. Si vous n'arrivez à effectuer qu'une ou deux des actions de votre liste, vous vous sentirez submergé et frustré de ne pas l'avoir clôturée. Pensez avant tout à terminer chaque action, l'une après l'autre. Et célébrez chaque action directe réalisée par une action indirecte inspirée.

Ainsi, vous conserverez l'équilibre nécessaire pour avancer et développer votre objectif sainement.

Voici un petit exercice de régularité intéressant :

> Chaque matin, rédigez une liste des cinq actions que vous voulez réaliser. Commencez à exécuter la première chose qui apparaît sur votre liste. Terminez cette chose avant de commencer la suivante. Sans jugement, sans parti pris. Avancez simplement. Concentrez-vous sur la chose que vous réalisez. Regardez votre liste régulièrement en ne portant votre attention que sur la chose que vous êtes en train de réaliser. Vous obtiendrez de meilleurs résultats et plus rapidement. Essayez!

Le processus de manifestation réagit à la vibration que nous émettons et à l'intensité de cette vibration. Imaginez une lampe. J'entre dans une pièce et j'allume la lumière. Selon la tension de l'ampoule, la lampe éclairera plus ou moins la pièce. Si l'ampoule est faible, la pièce restera dans une certaine pénombre. J'aurai beau faire tout ce que je peux pour éclairer la pièce, l'ampoule ne donnera pas plus de lumière que ce qu'elle est capable de donner. Par contre, si j'utilise une ampoule plus forte, qui donne plus d'énergie, la pièce sera éclairée sans que je ne fasse rien d'autre que d'allumer le même interrupteur. Ce n'est pas le fait d'allumer (action directe) qui y change quelque chose, c'est l'intensité de l'énergie diffusée par l'ampoule (action indirecte).

Maintenir un niveau d'énergie suffisant est indispensable à la réalisation de nos désirs et de nos buts profonds.

Vous remarquerez la différence d'énergie également entre les deux énoncés suivants.

Par rapport à une situation donnée, nous émettons une puissance énergétique différente lorsque nous disons : « Je suis ici » ou « je suis nulle part ».

La puissance du premier énoncé est très supérieure à celle du deuxième. Devant une situation que nous jugeons « insuffisante » ou « déplaisante », nous avons tendance justement à penser « je suis nulle part », alors que si nous acceptions et reconnaissions simplement « je suis ici », nous ressentirions davantage d'énergie pour avancer à partir de là où nous sommes en valorisant le chemin parcouru, et pour exécuter les actions inspirées que cette énergie de l'ÊTRE nous insuffle.

Dans « je SUIS ici », c'est l'ÊTRE qui se reconnaît, sans jugement, là où il est, ici et maintenant. C'est le JE qui dit « tout est bien, tout est parfait », sans résistance, avec la foi et la détermination d'avancer petit à petit vers son objectif.

Maintenir un niveau d'énergie conséquent est difficile dans certains contextes, aussi est-il important de changer d'état lorsque nous sentons notre niveau d'énergie diminuer ou retomber. Les actions indirectes servent justement à cela. Elles nous sont inspirées par notre âme, notre être intérieur, et si nous les entendons et les mettons en œuvre, nous recevons une abondance d'énergie supplémentaire.

Il ne tient qu'à nous de l'entretenir de manière régulière, en célébrant par exemple chacune de nos actions, chacun de nos succès, chacune de nos prises de conscience.

C'est un cadeau que nous nous offrons, qui s'avère essentiel à notre équilibre et à notre bien-être. Et c'est précisément pour cela que nous sommes ici, pour nous sentir bien.

Célébrer nos succès se révèle un outil précieux de reconnaissance de notre propre valeur, de notre puissance et de notre joie intérieure. Nous nous amusons, nous rions, nous fêtons et célébrons ainsi la vie en nous, et détenons la clé du bonheur : le processus de manifestation.

Vos exercices de bien-être :

- Utilisez le processus de manifestation et créez à partir de vos résultats voulus.
- Adoptez la formule ÊTRE – AVOIR – FAIRE.
- Reconnaissez vos qualités d'abondance et créez un journal de l'abondance.
- Privilégiez les actions indirectes qui vous sont « inspirées » par votre état d'ÊTRE.
- Pratiquez tous les jours l'exercice de régularité.
- Pensez toujours « je suis ici ».
- Célébrez chacun de vos succès.

Chapitre 9

La réalité virtuelle

Nous sommes tous des réalisateurs mettant en scène la vie de nos rêves. Par les sensations que nous ressentons en imaginant notre vie idéale, nous créons une réalité virtuelle en voie de réalisation. À partir de notre vision idéale, cette image mentale claire de notre désir profond, nous mettons en mouvement, par notre imagination, les forces qui mèneront à sa réalisation concrète, à sa manifestation physique. Nos pensées sont à l'origine de nos créations et nos sensations sont la force qui imprègne la substance de l'Univers afin de donner forme à nos rêves.

Cependant, souvent, lorsque nous lançons notre demande, le doute surgit et repousse par sa seule vibration inférieure la manifestation de notre demande. Le nuage du doute est un des obstacles les plus difficiles à vaincre, comme l'est la peur, la colère, toutes ces émotions négatives dont nous nous laissons envahir lorsque nous subissons notre vie plutôt que de la créer.

Connaissez-vous le jeu « ce serait bien si… »?

Il s'agit de vous dire, devant chaque contraste que vous expérimentez : « Ce serait bien si… j'obtenais ce job/nous nous entendions/je recevais 500 $, etc. » Et puis, de ressentir le bonheur de voir votre désir immédiatement réalisé, de vivre sa manifestation dans chacune de vos cellules.

Ce processus vous permet de rediriger votre pensée en la focalisant sur ce que vous voulez. Le ressenti que vous ajoutez à la pensée de cette manifestation idéale ajoute autant d'intensité à la vibration que vous émettez. Et l'Univers répond immédiatement à cette vibration voulue, si elle reste dominante.

> Essayez tout de suite. Arrêtez-vous un moment et pensez à ce qui vous préoccupe en ce moment. Que voulez-vous en ce moment? Est-ce un nouveau poste? Une nouvelle relation? La résolution d'un conflit?
>
> Une fois que vous avez arrêté votre pensée sur un élément que vous voulez transformer, émettez cette pensée : « Ce serait bien si... » et affirmez ce que vous voulez obtenir ou être ou avoir ou manifester ou créer, en ressentant profondément sa réalisation immédiate et instantanée.

Le fait de prétendre et de faire comme si ce que vous voulez « est réalisé et manifesté », là maintenant, dans l'instant, vous permet de ressentir la jouissance et le bonheur suprême nécessaires à sa réalisation rapide. Cette jouissance, cet « orgasme » de l'âme, vous imprègne de toute sa force, de son pouvoir immense de création, et votre désir est lancé telle une fusée dans la Substance Informe qui le manifeste pour vous. Comme je l'ai déjà dit, la pensée multipliée par le ressenti du bien-être total accélère le processus de réalisation et de création.

Ce jeu vous offre une des clés de la concrétisation de vos vœux les plus chers, alors utilisez-le à volonté!

Ce procédé apparemment simple, nos enfants l'utilisent sans cesse dans leurs jeux de création virtuelle. Pour être essentiellement efficace, il consiste tout simplement à entrer dans la réalité virtuelle que vous voulez manifester, à vous y sentir bien un court moment, puis à en sortir immédiatement.

Si vous demeurez trop longtemps à l'intérieur de ce monde virtuel, vous risquez de laisser à votre ego ou à votre personnalité limitée le temps d'émettre un doute ou une résistance quelconque par rapport à ce que votre âme ou votre moi supérieur désire créer.

N'oubliez donc pas : vous entrez dans votre image idéale, vous la ressentez profondément en jouissant du bien-être qu'elle vous procure, puis vous en sortez dès que vous vous sentez comblé de sa puissance.

Ce procédé de la réalité virtuelle vous ramène en harmonie vibratoire avec vous-même, avec ce que votre être profond désire et a toujours désiré. Il vous réaligne sur le désir de votre âme et vous reconnecte au flux de la vie. Toute résistance disparaît comme par enchantement, comme balayée par la force du bien-être que vous ressentez ce faisant.

C'est un outil d'alignement puissant. Vous vous retrouvez connecté et à nouveau confiant.

Prenez garde cependant au procédé mensonger qui utilise le même processus à des fins perturbatrices. C'est ce qui se produit lorsque vous émettez la même pensée en y intégrant l'émotion de la peur.

Dans ce cas, vous émettez une vibration du type « je crains que... » en imaginant la scène d'une situation « contrastée » et non pas voulue. La vibration de la peur ou de toute autre émotion non voulue est défavorable à votre bien-être. Elle annule la création de toute image voulue.

Vous reconnaîtrez que la plupart des gens aujourd'hui jouent à ce jeu périlleux – et les médias nous y encouragent par ailleurs. En projetant constamment des images axées sur un futur éventuellement désastreux, en faisant de sombres pronostics sur tel ou tel événement ou situation, ils émettent une vibration qui est loin d'être neutre et qui oriente la vibration collective dans une direction non souhaitable et non souhaitée.

Le jeu du « je crains que... » ne fait qu'intensifier la vibration dominante non voulue par la plupart des gens, car ce que l'homme veut fondamentalement, c'est le bonheur et le bien-être. C'est là notre objectif majeur : retrouver la jouissance du bonheur suprême, du bien-être pur et parfait.

Certains souvenirs constituent d'autres acteurs mensongers de la réalité virtuelle, lorsqu'ils réactivent une émotion non voulue. L'intensité vibratoire du souvenir se renforce avec le temps et avec l'imagination. Un souvenir est une réalité passée qui est amplifiée par la mémoire et souvent aussi par les limites de la personnalité. Nous ne sommes plus les mêmes maintenant qu'il y a dix ou vingt ans. Ce qui nous convenait par le passé, ne nous convient plus aujourd'hui. Alors pourquoi raviver des souvenirs malheureux?

Seuls les souvenirs de nos succès, de nos joies et d'un bien-être total valent la peine d'être ravivés. Nous jouons alors au jeu « ce jour-là, c'était merveilleux! » en nous rappelant des moments prestigieux, des instants de bonheur tels que nous en ressentons des frissons de joie éclatante. Ces souvenirs-là nous élèvent, ils nous encouragent à avancer et nous donnent – ou nous redonnent – la force et le pouvoir qu'entre-temps nous avions peut-être masqués.

Mais les souvenirs de nos « contrastes » passés, mieux vaut les oublier. Ils ne peuvent plus rien nous apporter aujourd'hui. Si ce n'est nous faire replonger dans une vibration obsolète et non désirée. Une vibration faible qui nous tire vers le bas et certainement pas vers le bien-être que nous recherchons. Ces souvenirs-là repoussent la manifestation de nos désirs. Ils nous affaiblissent et abaissent notre taux vibratoire à un niveau qui nous est devenu désagréable, voire insupportable.

Voilà pourquoi il est important que nous apprenions à contrôler nos pensées. Sélectionnons celles que nous voulons penser de manière à ne pas nous laisser entraîner par des pensées non voulues ou influencer par les pensées que d'autres souhaiteraient forcer sur nous.

Prenons l'exemple de la télévision. La télévision nous présente un « agenda » que nous ne choisissons pas, principalement axé sur une vibration que nous ne voulons pas expérimenter : la peur, la tension, le stress… Lorsque nous l'allumons, si nous ne gérons pas le choix des images que nous visionnons, nous nous laissons contrôler par un choix de vibrations que nous n'avons pas choisies.

La télévision diffuse des procédés de réalité virtuelle tronqués, principalement basés sur les produits qu'elle cherche à nous vendre, qu'il s'agisse d'émissions ou de produits faisant l'objet de publicité. Nous voulons demeurer prudents par rapport à la télévision car elle nous vend des informations souvent supposées, non réelles, non révélées, qu'elle affirme comme réelles, qu'elle interprète de manière alarmiste, qu'elle dissèque jusque dans leurs moindres détails morbides.

La télévision et les journaux orientent clairement la réalité sur son aspect le plus sensationnel. Les bonnes nouvelles y sont rarement signalées.

Qu'en est-il du cinéma? La production cinématographique joue également un rôle essentiel dans la nature vibratoire qu'elle crée et influence. Son programme nous poussera soit vers l'Être, vers la pureté intérieure et nous élèvera spirituellement, soit il nous emmènera vers le fond de l'abîme, dans les émotions les plus basses de l'échelle vibratoire.

Cinéma et télévision ont un pouvoir incroyable sur les esprits, du fait que ces supports nous font vivre une atmosphère renforcée par le ressenti qu'ils transmettent. Ce ressenti, qui ouvre les portes de la création, est essentiel à la manifestation de notre bien-être. Dès lors, il est important que nous choisissions le genre de production, d'images et d'ambiance que nous voulons vivre même un court instant. Ce choix est capital pour le maintien de notre vibration dominante et la création de notre vie rêvée.

Trente secondes de concentration sur le sujet de notre choix suffisent pour enclencher sa réalisation. Aussi est-il important de choisir le sujet qui nous apportera la plus grande joie et qui nous aidera à créer une vibration dominante qui nous est propre et qui nous comble. C'est la raison pour laquelle nous voulons accéder aussi souvent que possible au pays des rêves. Notre immersion dans la réalité virtuelle nous offre l'occasion rêvée de construire notre vibration telle que nous la voulons, de créer notre bonheur personnel encore et encore jusqu'à ce qu'il nous revête tel un habit que nous n'enlèverions jamais.

La création de notre propre vibration est capitale pour notre bien-être. Nous voulons tous vivre une vie heureuse. Nous voulons tous la paix du corps et de l'esprit, la sérénité et le bonheur total. Alors, construisons-le chaque jour, chaque minute, chaque seconde qui passe.

Il existe un lien évident entre ce que nous observons et ce que nous ressentons. Le sujet observé dicte la vibration que nous émettons. Si nous admettons de subir continuellement l'observation de sujets qui ne nous servent pas, qui ne nous élèvent pas, et si nous nous laissons mener par nos émotions, nous risquons de nous laisser imposer une vibration – une seconde peau – non voulue, inappropriée et perturbatrice.

Ce que nous voulons, c'est créer notre vie selon notre choix le plus cher. Nous voulons choisir ce que nous décidons d'observer, nous voulons décider de ce que nous voulons ressentir à longueur de journée. Nous voulons choisir la vibration que nous voulons émettre afin de concrétiser et de créer notre désir suprême.

Ce sont-là des choix que nous voulons faire, continuellement, à chaque instant. Ce processus de choix constant peut sembler contraignant au départ, parce que nous avons perdu l'habitude de prendre la responsabilité de ce que nous vivons. Nous voulons maintenant nous réapproprier ce pouvoir, cette autonomie totale sur nos propres pensées et sur nos propres émotions. Nous voulons décider de notre vibration plutôt que de la laisser contrôler par ce que nous observons.

Le bonheur est un choix. Le bien-être est une succession de choix. Choisissons nos pensées, choisissons nos émotions et notre ressenti, et nous trouverons le bien-être total.

« C'est bien beau tout ça, mais que faire en cas de rechute? », me direz-vous.

Pratiquez le jeu des dix-sept secondes de pensée constructive. C'est une des formules les plus puissantes que j'ai jamais rencontrées en matière de création de la réalité virtuelle.

Pendant dix-sept secondes seulement, vous allez maintenir une image mentale claire et un ressenti de bonheur court et intense de ce que vous voulez avoir/vivre/être. Qu'il s'agisse d'un désir immédiat ou futur, d'un idéal de vie ou d'un désir présent, concentrez votre attention sur celui-ci, tel un laser, pendant dix-sept secondes uniquement.

La focalisation pointue de votre pensée sur cette image foudroyante doublée de ce ressenti condensé va propulser la manifestation de votre désir le plus cher.

Faites-cela tous les jours pendant 30 jours et, non seulement vous remarquerez des signes et des coïncidences traverser votre vie, mais vous vivrez un changement profond d'état d'esprit et d'énergie qui vous fera avancer. Vous modifierez radicalement votre vibration dominante pour atteindre les sommets de jouissance espérés.

Le jeu des dix sept secondes imprime la Substance Informe de manière fulgurante. Par ailleurs, il propulse votre vibration dominante à des hauteurs insoupçonnées. Rien de tel pour transformer et créer votre vie à la vitesse de l'éclair grâce à la réalité virtuelle!

Vos exercices de bien-être :

- Jouez le jeu du « ce serait bien si... ».
- Créez votre image mentale claire, ressentez-la intensément, puis sortez de votre réalité virtuelle.
- Choisissez constamment ce que vous voulez observer.
- Concentrez votre attention tel un laser sur votre désir le plus cher pendant dix-sept secondes.

Chapitre 10

Le système CRÉE

Comme résumé de ce qui précède et pour accueillir l'abondance omniprésente dans votre vie, vous pouvez vous aider du système CRÉE. Ce système vous permet de trouver la clarté en visualisant ce que vous voulez vivre, de pratiquer le ressenti qui est essentiel à la manifestation de vos désirs, de vous éveiller à l'idéal que vous poursuivez et de demeurer enthousiaste par rapport à la transformation que vous recherchez.

Le système CRÉE offre les éléments suivants :

- Clarté
- Ressenti
- Éveil
- Enthousiasme

Premier élément du processus, la **clarté** s'obtient en visualisant en détail l'image mentale claire de votre désir majeur, le but de votre âme, celui que vous définissez en vous posant la question :

« Si ma vie devait se concentrer sur une seule chose, quelle serait-elle ? ».

Lorsque vous connaissez la réponse à cette question, vous choisissez de ressentir en profondeur, dans chaque cellule de votre corps, la passion et la joie qui vous habitent lorsque vous vivez cette vie idéale, agissant de la manière idéale, dans un environnement idéal.

Ce faisant, vous imprégnez l'Univers de votre vibration dominante, lui envoyant constamment le message de votre désir suprême.

En tant que deuxième élément essentiel, le **ressenti** profond de l'idéal réalisé active le processus de manifestation et permet d'attirer la chose désirée, par la force et le pouvoir qu'il émet. C'est en ressentant le bien-être que nous procure ce que nous voulons obtenir ou être par-dessus tout que nous lançons avec force et détermination notre désir personnel sur la trame de l'Univers.

Le pouvoir du ressenti sera déterminant pour l'impression du désir et sa manifestation. Ainsi, un ressenti léger n'aura qu'une influence minime sur la Substance d'Origine; par contre, un ressenti puissant imprimera profondément notre demande et encouragera sa réalisation rapide. D'où l'importance de bien choisir ce que nous voulons ressentir et de nous focaliser exclusivement sur ce qui nous procure bien-être et joie.

Troisième élément au tableau, l'**éveil** nous permet de prendre conscience du contraste qui nous fait face pour nous aider à « pivoter » et à choisir consciemment de diriger notre pensée exclusive sur l'idéal qui nous tient à cœur. Par l'éveil, nous nous responsabilisons par rapport à ce que nous vivons et nous agissons dans le sens de notre bonheur suprême.

En nous éveillant à l'idéal que nous voulons atteindre, en observant le contraste de manière neutre et pure, nous reconnaissons notre pouvoir intérieur et nous nous réapproprions la responsabilité totale de ce que nous vivons. Nous savons que ce que nous vivons maintenant est le résultat de nos pensées passées et nous décidons de focaliser dorénavant notre attention sur ce qui nous procure joie et bien-être. L'éveil nous permet de choisir consciemment de cocréer avec l'Univers.

Quatrième et dernier élément du processus, l'**enthousiasme** est également crucial à la manifestation de notre idéal. En choisissant de faire ce que nous aimons et en aimant ce que nous faisons, nous acceptons et célébrons nos capacités innées. Nous pouvons dès lors accepter la transformation intérieure nécessaire pour accueillir et recevoir ce que nous avons demandé. L'enthousiasme est l'aliment qui nous nourrit tout au long de ce voyage de transformation que nous entamons.

L'acte ou l'engagement de cocréation facilité par le système CRÉE repose entièrement sur la passion et l'enthousiasme propres à tout génie créateur. Cette énergie positive que fournit l'enthousiasme est la clé d'une création réussie et d'une manifestation consciente et voulue.

Pour arriver à créer ce que nous voulons, nous voulons avant tout nous transformer. Nous voulons supprimer les croyances qui ne nous servent pas, celles que nous nous sommes laissé imposer. Et nous voulons nous ouvrir à la nouveauté. Nous voulons laisser aller le passé sur lequel nous n'avons aucune prise, de toute manière, et avancer d'un pas ferme et déterminé dans le moment présent.

Supprimer nos anciennes croyances est essentiel mais ne suffit pas. Ce que nous voulons, c'est ancrer de nouvelles croyances à leur place. Nous voulons définir de nouvelles pensées basées sur ce que nous sommes devenus et sur ce que nous voulons obtenir ou être maintenant.

Nous accepter tels que nous sommes ici et maintenant demande beaucoup de lâcher-prise. Nous nous abandonnons à ce qui est avec souplesse et nous acceptons de nous laisser surprendre afin de pouvoir nous émerveiller à chaque instant. Chaque matin, nous voulons nous réveiller tel un enfant, heureux d'entamer une nouvelle journée d'aventures et de petits miracles quotidiens. Nous acceptons ce qui nous arrive même si certains événements peuvent nous donner l'impression d'être à notre désavantage. En fin de compte, ils nous mèneront toujours là où nous voulons aller, vers les plaines abondantes de nos rêves les plus chers.

Si nous acceptons ce que l'Univers nous envoie, nous recevons totalement ses bienfaits et très vite nous découvrons que ses bénédictions vont bien au-delà de nos demandes, qu'elles dépassent nos désirs.

L'abandon n'empêche pas d'agir en direction de nos désirs. Pour ce faire, nous visualisons l'image claire de notre vie idéale. Ne craignons pas de voir grand et d'imaginer notre idéal dans toute sa splendeur. Il n'y a rien de trop beau pour l'Univers. Rien d'impossible. C'est probablement là la première croyance que nous voulons supprimer. Nous voulons croire que *tout est possible*, que les miracles sont possibles. Il nous suffit de répéter ces mots jour après jour, comme un mantra, pour qu'ils s'ancrent fermement dans notre subconscient.

La visualisation est l'outil majeur de toute création et manifestation. Rêvons grand et imaginons notre idéal avec passion, jour après jour après jour.

> Rien de plus simple que de connaître notre idéal. L'idéal correspond au but de notre âme, à notre désir suprême. C'est le but que nous poursuivrions si nous ne vivions que quelques jours sur la terre. Aussi, demandons-nous : « S'il me restait 30 jours à vivre, que ferais-je de mes journées? Avec qui les passerais-je? ».
>
> Ou : « Si j'avais tout l'argent du monde, que ferais-je de mes journées? Avec qui les passerais-je? ».
>
> La réponse à ces questions ou aux questions énoncées plus haut est le but de notre âme. C'est l'objectif qui nous apporte le plus de passion, qui nous stimule rien que d'y penser et qui nous procure une joie extrême.

Le but de notre âme nous procure l'essentiel. Nous y trouvons tout ce dont nous avons besoin pour être heureux ici et maintenant. Si nous poursuivons ce but, sans cesse, et sans douter ni faillir, nous sommes certains de ressentir un bien-être constant. Avançons avec détermination et foi en direction de ce but et assurons-nous un présent et un avenir merveilleux.

Maintenant que vous avez pris connaissance de la nature du système CRÉE, je vais vous apprendre à l'appliquer. L'application de ce système, outre les différents exercices proposés dans ce livre, passe par la création de *segments*. Les segments sont les tranches temporelles qui constituent une journée, un mois ou une année.

Par exemple, un segment pourrait représenter le trajet jusqu'à votre travail, le trajet de la maison à l'école, la réunion du matin au travail, le moment du déjeuner, l'activité de l'après-midi, la soirée avant le repas, le repas, après le repas, etc.

Les segments sont des périodes que vous définissez en fonction de vos activités, courantes ou ponctuelles, comme des tranches, actives ou passives, de votre quotidien.

L'objectif du système CRÉE est de vous soutenir dans votre processus de création quotidien. Vous mettez en œuvre ce système pour créer à longueur de journée et maintenir votre attention sur ce que vous voulez et non plus sur ce qui ne vous plaît pas. Pour ce faire, vous définissez votre intention pour chaque segment de la journée et vous y placez votre attention constante.

En définissant votre intention, par exemple, d'effectuer un trajet vers le bureau qui soit harmonieux et libre de tout embouteillage ou de tout tracas, vous lancez une demande à l'Univers qui y répond instantanément. En inscrivant l'intention de passer un agréable déjeuner en compagnie de vos collègues, axé sur le partage positif de nouvelles intéressantes et constructives, vous lancez un message à l'Univers qui y répond. En plaçant l'intention de partager un excellent repas en famille le soir, dans une atmosphère détendue et joyeuse, vous lancez une demande à l'Univers qui y répond.

C'est ainsi que vous créez votre vie au quotidien. L'intention majeure étant que vous vous sentiez bien à tout moment, quoi qu'il arrive, même si votre demande ne semble pas exaucée. Votre demande première, c'est de ressentir un bien-être constant et total dans le cadre de chaque segment.

Pour rappel, un segment est une partie de journée qui est définie par l'exécution d'une activité spécifique. Vous êtes totalement responsable de la définition de vos segments et ces segments peuvent varier d'un jour à l'autre. Là aussi, faites preuve de souplesse et accordez vos segments à votre emploi du temps variable.

La définition d'une intention pour un segment particulier est un processus très simple. Vous déterminez l'accomplissement que vous souhaitez obtenir pour l'activité du segment en question. Plus important encore, vous définissez le ressenti souhaité. Rappelez-vous, c'est la force du ressenti qui imprime la substance de l'Univers. Plus vous vous sentez bien dans l'accomplissement de votre activité, plus votre demande se créera rapidement et efficacement.

La création consciente se focalise sur le bien-être alors que la création par défaut, celle que nous exécutons en demeurant inconscients de notre pouvoir de manifestation, se concentre sur le mal-être.

Les segments sont donc la solution à toute tentative de création par défaut axée sur ce que vous ne voulez pas ressentir. Les segments vous permettent de vous concentrer UNIQUEMENT sur ce que vous voulez ressentir, c'est-à-dire le bien-être.

D'autres segments possibles sont les segments des journées de vacances, le segment d'une situation difficile que vous voulez gérer consciemment en focalisant votre attention sur les aspects positifs et constructifs du contraste qui vous fait face. Enfin, les segments peuvent également se poser en termes de mois et d'année. À peu près tous les cas de figures sont possibles, selon vos propres critères temporels.

Une fois de plus, la recette pour CRÉER abondamment utilise l'ingrédient de la gratitude. En faisant preuve d'appréciation, nous acceptons d'accueillir l'abondance qui est partout présente en nous et autour de nous.

Nous accueillons ainsi l'abondance en reconnaissant qui nous sommes, là où nous sommes arrivés et l'importance du chemin parcouru. Nous nous acceptons et nous acceptons tout ce qui est, avec souplesse, en laissant l'Univers créer son œuvre à travers nous. Nous demandons, en nous sachant cocréateurs de la force de vie. Nous célébrons chacun de nos succès et fêtons chacun des stades que nous dépassons.

La fête et la célébration nous procurent la joie et l'enthousiasme essentiels pour nous permettre d'avancer encore plus. Cette énergie positive nous encourage à poursuivre notre voie, celle que nous avons choisie de suivre, celle pour laquelle nous avons défini notre intention première.

À ce stade de notre avancement, dans le cadre de l'application du système CRÉE, je vous invite à rédiger et à signer votre Déclaration CRÉE.

La Déclaration CRÉE est un engagement que vous prenez vis-à-vis de vous-même et plus encore vis-à-vis de l'Univers tout entier. C'est un message que vous envoyez à l'Univers, par lequel vous décidez d'accueillir et de recevoir tout ce que l'Univers vous apporte. Vous vous déclarez abondant et vous vous ressentez abondant.

Déclaration CRÉE

Je soussigné(e) .... déclare par la présente m'engager à 100 % à créer délibérément ma vie maintenant. En appliquant le système Crée, je visualise et m'imagine recevoir et utiliser la totalité des richesses que je mérite.

Je déclare maintenant être *clair(e)* quant à la vie idéale que je veux mener, aux relations que je veux partager et au montant des richesses que je veux recevoir. Je les déclare à haute voix et m'engage à les accueillir et à les recevoir.

Je fais tout ce qu'il faut pour me *sentir* riche. Je fais tout ce qu'il faut pour me *sentir* bien. Les émotions de la joie et du bonheur étant de puissants aimants pour l'argent et l'abondance, je suis heureux(se) maintenant!

Je *m'éveille* à la cocréation consciente de ma vie rêvée. Je *m'éveille* à mon amour pour les belles choses et les richesses. Je tombe amoureux(se) de l'argent. Je parle, j'agis et je pense comme si j'étais riche et abondant(e) maintenant.

J'affirme chaque jour avec *enthousiasme* que j'ai une abondance de possibilités, de relations aimantes et d'argent et que tout cela vient vers moi aisément et sans effort. Je m'aime et je sais que je mérite une abondance de richesses.

Je me rappelle chaque jour que je suis un aimant pour l'argent et l'abondance et je me demande souvent en cours de journée si j'attire l'abondance et l'argent à cet instant précis ou si je les repousse par mes pensées.

Je suis reconnaissant(e) pour l'abondance et l'argent que j'ai. Je les apprécie chaque fois que je les touche. J'apprécie toutes les richesses qui m'entourent, y compris celles des autres. Je recherche la fortune partout où je vais et je l'apprécie. Je remercie l'Univers pour les outils, les idées, les rencontres et le soutien que je reçois afin de créer la vie que j'aime.

Lorsque j'observerai ma vie dans un an, je serai étonné(e) d'admirer la rapidité avec laquelle je l'ai transformée et comment j'ai créé et attiré prospérité et succès en m'ouvrant à l'abondance en moi et autour de moi.

J'embrasse le succès, je chéris la prospérité et je m'ouvre à une magnifique abondance ICI ET MAINTENANT!

Sichature : ....

Date : ....

Rédigez aujourd'hui votre Déclaration CRÉE et signez-la immédiatement. Vous réaliserez ainsi le premier pas – le pas plus important – vers la réalisation de votre désir d'abondance. Vous lancerez officiellement dans votre vie la mise en œuvre du système CRÉE!

Vos exercices de Bien-être :

- Utilisez le système CRÉE pour créer délibérément votre vie chaque jour.
- Découvrez le but de votre âme.
- Créez vos segments journaliers et autres.
- Rédigez votre Déclaration CRÉE.

Chapitre 11

Le désir

Une possibilité non exprimée qui cherche à se manifester, voilà ce qu'est le désir. Nous désirons, car nous avons en nous un pouvoir qui tend vers l'extérieur, qui tend à s'extérioriser, à s'exprimer dans une forme. Nous voulons, car nous avons en nous une force qui nous pousse à avancer, à croître, cette force de la vie-même, qui est celle de la substance informe dont nous sommes tous constitués.

La manifestation de ce pouvoir est différente du souhait ou du caprice dans ce qu'elle exprime l'infini en nous. Faire ce que l'on veut faire, c'est la vie. Nous ne faisons qu'extérioriser un élan vital, une compulsion primaire qui nous incite à aller de l'avant. L'homme qui avance est celui qui ne s'arrête jamais. Le voyageur continuel, l'ermite qui déambule sans cesse à la recherche de son but, du but de son âme, de sa raison de vivre.

Inné, non créé, notre désir, s'il est fort, est la preuve même de l'existence d'un pouvoir réel présent en nous. Plus notre désir est fort, plus nous avons le pouvoir de le réaliser. C'est ainsi que nous pouvons découvrir quelle est la voie que nous voulons suivre. S'il est fort, notre désir n'est pas un souhait ou un caprice. S'il est récurrent, il est tout simplement. C'est notre âme qui nous parle à travers lui, pour nous indiquer le chemin que nous sommes venus suivre en nous incarnant sur cette terre. Il nous suffit d'écouter ce désir et de le mettre en œuvre pour apaiser notre âme et nous épanouir.

Pour découvrir votre désir suprême, il vous suffit d'établir une liste des dix personnes que vous admirez particulièrement. Je pense aux amis, aux membres de votre famille ou à ces héros dont vous suivez les aventures dans les magazines et que vous admirez parce que leurs qualités résonnent en vous. Ces qualités que vous possédez et qu'ils vous reflètent par leur comportement, leur caractère, leurs prouesses.

À côté de chacune de ces dix personnes, indiquez la ou les qualités que vous admirez chez elle.

Nous découvrons notre désir souvent grâce à autrui. En nous reconnaissant dans un trait de caractère, dans un exploit, dans une main tendue, nous découvrons la nature de notre désir et pouvons le reconnaître pour ce qu'il est : une force qui nous pousse vers la voie que nous nous sommes choisie avant de naître.

Entourez alors les apparitions multiples des qualités que vous avez inscrites et vous constaterez qu'une même qualité revient plusieurs fois dans la liste. Vous admirez ces personnes très probablement parce qu'elles reflètent les qualités mêmes que vous possédez, mais qui ne sont pas encore développées en vous.

Ces personnes admirées sont un miroir des caractéristiques que vous êtes à même de développer pour réaliser tous vos désirs.

« Qui je suis ? ». C'est la question que vous voulez vous poser lorsque vous parcourez la liste de ces qualités. Vous découvrirez une résonance vis-à-vis de celles que vous possédez et que vous voulez accepter maintenant.

Vous êtes venu sur cette terre pour affirmer votre joie d'être, votre bien-être, et vous faites cela en étant tout ce que vous pouvez être, au-delà de vos propres limitations et de vos propres croyances. Cet exercice vous permet de reconnaître et d'accepter les qualités mêmes que vous admirez chez autrui.

Donner au monde ce que l'on a de meilleur, être au service des autres, c'est le désir profond de notre cœur.

> Pour développer votre désir, je vous conseille d'établir une liste de possibilités de ce que vous désirez réaliser le plus au monde dans votre vie actuelle, en sachant que la réalisation de ces désirs vous apportera la plus grande satisfaction jamais reçue.
>
> Ressentez ensuite ce que chacun de ces désirs vous apportent. Fermez les yeux et visualisez ces désirs chacun à leur tour jusqu'à ressentir précisément ce qu'ils vous offrent une fois réalisés. Situez-les ensuite sur une échelle de un à dix, un étant un faible ressenti de satisfaction et dix un ressenti puissant d'accomplissement réel. Suivez votre première impulsion. Inscrivez les résultats sur une même feuille.
>
> Ce faisant, vous avez commencé à actualiser votre désir.
>
> Barrez tous les désirs dont le score est inférieur à neuf, car ils représentent des désirs mineurs et certainement pas le désir puissant de votre âme. Ce désir puissant, vous le reconnaissez par vos mains moites et votre cœur battant à la seule idée de sa réalisation. C'est la raison pour laquelle il est important de visualiser vos désirs réalisés et de ressentir ce qu'ils produisent en vous une fois réalisés.

Le désir est la clé essentielle de notre accomplissement, car il procure un véritable bonheur. Le désir suprême vient du cœur. C'est le message de notre être véritable qui nous indique vers quoi nous devons nous diriger pour trouver le bien-être que nous recherchons.

Découvrir, reconnaître, accepter et manifester ce désir est la mission que nous devons remplir, car c'est ce désir qui nous procurera la joie suprême.

Oser accepter et concrétiser ses désirs est le propre des personnalités qui avancent. Elles vivent les désirs de leur cœur, à fond, sans hésitation. Elles foncent avec la détermination inébranlable de ceux qui savent, avec foi, que leurs désirs seront exaucés. Le « oui-mais » n'a pas sa place dans leur esprit. Ces personnalités avancent, envers et pour tout.

Elles adoptent l'attitude de l'esprit déterminé, décidé à progresser, entièrement voué à l'accomplissement de sa mission : la réalisation de son rêve le plus cher.

Ces personnalités savent que la question fondamentale pour trouver le but de leur âme est : « Pourquoi est-ce que je veux cela? ». Cette question les met en contact direct avec ce qu'elles veulent essentiellement. Elle les connecte à leur sentiment profond et leur permet de prendre un nouveau départ, de se réaligner sur la voie qu'elles veulent suivre.

> Demandez-vous maintenant pourquoi vous voulez créer ou obtenir votre désir actuel ou idéal. Quelles sont les motivations de votre être intérieur? Vous allez ainsi renouer avec les sentiments les plus profonds et les plus puissants qui vous animent et qui vous poussent à avancer dans la direction que vous avez choisie. Les motivations sont des outils précieux qui indiquent que vous êtes sur la bonne voie. Ils vous poussent à aller plus loin, à croire en vous et à savoir de manière indéniable que vous pouvez y arriver.

Vous rappelez-vous le processus qui vous permet de recevoir ce que vous demandez?

Le processus de création selon la loi d'attraction universelle se décompose comme suit :

- Nous demandons.
- L'Univers répond.
- Nous recevons.

Si ce processus semble très simple, nous avons tendance à le compliquer plus que nécessaire.

Notre désir est essentiel pour lancer la première phase de la manifestation. En effet, c'est une particule puissante, dotée d'une force créatrice qui explose lorsque nous lui accordons suffisamment d'énergie et d'attention. Sa vibration s'essaime dans la Substance qui le traverse et l'entoure et se diffuse jusqu'aux confins de l'Univers. Tel un appel lancé au loin, il imprègne la Substance Unique qui lui répond en lui renvoyant une vibration identique, ajoutant encore à sa force et à sa puissance.

La création est une forme de mise au monde universelle, la naissance d'une étincelle de nouvelle forme issue de la vibration émise par notre infime désir personnel et amplifiée par le désir puissant de l'Univers qui veut le bien de tous.

Je vous propose maintenant de rédiger votre Déclaration de désir pour le domaine de votre choix (cet exercice est proposé par Sandy Forster dans son livre « Comment devenir follement riche rapidement » aux Éditions Le Dauphin Blanc).

Il s'agit tout simplement de formuler un résumé de votre désir suprême, en décrivant le résultat parfait que vous espérez et en donnant des détails au scénario ultime de votre vie ou de votre désir idéalement réalisé et créé.

Voici, par exemple, ma propre « Déclaration de mon désir d'édition » :

« *Ma nouvelle activité repose sur l'écriture, la traduction, l'édition et la peinture des concepts de la loi d'attraction. Elle se gère par Internet, à partir de chez moi. Elle me permet d'écrire, d'éditer et de publier des livres sur la loi d'attraction, de rencontrer des auteurs et des orateurs de la loi d'attraction, de voyager pour assister à tous les séminaires qui m'intéressent, de vendre mes travaux d'écriture et de peinture, d'emmener ma famille en voyage.*

Je travaille de chez moi en maintenant un contact permanent avec mon équipe de support Internet et administratif.

J'ai beaucoup de succès dans mon activité et je gagne beaucoup d'argent que je place dans de l'immobilier et des investissements plus que rentables. Ma fortune s'accroît même quand je dors!

Devenue une célébrité dans le domaine de la loi d'attraction, les gens du monde entier prennent contact avec moi pour demander mes conseils. Mon nom apparaît dans de nombreux journaux et magazines. Je suis une spécialiste de la loi d'attraction que tout le monde veut entendre.

J'attire maintenant aisément et sans effort l'abondance dans ma vie. J'embrasse le succès, je chéris la prospérité et je m'ouvre à une magnifique abondance ICI ET MAINTENANT. Je nage dans des flots de richesses et me sens unie à l'abondance absolue et à la liberté financière totale.

JE SUIS UNE AVEC LA PROSPÉRITÉ ET L'ABONDANCE MAINTENANT!

La mise en mots de votre désir réalisé stimule davantage encore l'émission de celui-ci dans la Substance Infinie, et l'acte d'écrire les mots qui formulent en détail votre désir suprême ou présent établit un lien sacré entre vous (votre être intérieur) et le désir ou le vœu que vous émettez devant l'Univers tout entier. L'écriture nettoie et purifie le canal qui relie votre moi intérieur à la source de tous les désirs, vous vous alignez totalement sur la source créatrice du tout. Vous vous reconnectez au maître créateur que vous êtes et renforcez la cocréation qui vous unit à l'être suprême du tout.

« Ainsi soit-il ». Par ces mots, vous donnez corps à votre désir.

Vos exercices de bien-être :

- Établissez la liste des dix personnes que vous admirez.
- Reconnaissez en vous les qualités que vous admirez en elles.
- Établissez la liste de vos réalisations voulues, en les notant sur une échelle de un à dix, et retenez uniquement celles qui sont supérieures ou égales à neuf.
- Demandez-vous pourquoi vous voulez réaliser ce désir suprême.
- Rédigez votre Déclaration de désir.

Chapitre 12

Agir

Même si l'accomplissement de notre désir est garanti, il convient de compléter la visualisation de notre rêve par l'action. Notre première action contribuera à activer l'énergie qui nous pousse en avant, en direction de notre vision idéale.

Rappelez-vous, le processus de manifestation se déroule comme suit : nos pensées accompagnées de nos sentiments engendrent des actions qui créent des résultats spécifiques. Pensées => Sentiments => Actions => Résultats.

Agir est donc essentiel dans la vie pour arriver au résultat voulu. Mais quelle est la première action à réaliser? Quel est le premier pas à faire?

N'oublions pas qu'agir sans réfléchir ne nous mènera qu'à un résultat souvent non voulu ou aléatoire. Ce que nous voulons, par contre, c'est avancer avec confiance en direction de notre désir, un pas à la fois. Chaque pas nous mènera vers le pas suivant si nous restons à l'écoute de notre voix intérieure. Notre voie intérieure s'ouvre ainsi devant nous, chacune des étapes que nous effectuons étant inspirée par l'étape précédente et la poursuite déterminée et confiante de notre but suprême.

C'est la foi et la confiance, doublées de la gratitude et de l'abandon à ce qui est, qui nous mèneront là où nous VOULONS aller. En maintenant le cap sur notre cible désirée, nous ne pouvons qu'avancer avec certitude et régularité dans la bonne direction. Celle de notre choix, de notre liberté et de notre vie idéale.

Trop souvent, nous nous arrêtons au *comment*? Comment vais-je obtenir telle ou telle chose? Comment vais-je arriver à une telle situation?

Le *comment* des choses est sous la responsabilité de l'Univers. Ce n'est pas notre affaire. Si nous ne nous plaçons pas en travers du flux universel, si nous n'opposons aucune résistance à ce que la vie nous apporte, aux événements qui surviennent sur notre route, si nous faisons preuve d'une certaine souplesse et d'un abandon total aux voies de l'Univers, nous obtiendrons très certainement et très rapidement ce que nous désirons.

La souplesse par rapport à ce qui nous arrive et la non-résistance au flux de la vie sont des éléments clés de la manifestation harmonieuse de nos désirs. Cessons de nous poser des questions, cessons de douter et avançons avec confiance vers le but que nous nous sommes fixé. La voie est claire et limpide si nous acceptons de voir ce qui est, sans nous y arrêter et sans juger. Tout est bien. Tout est parfait.

Si, malgré tout, nous sommes pris par un doute, ou si nous nous retrouvons aux prises avec l'indécision, le meilleur moyen c'est d'attendre et de ne pas agir. À ce moment, décidons de nous arrêter et de contempler notre vision encore et encore tout en cultivant une profonde gratitude vis-à-vis de la réalisation certaine de notre image mentale.

Cette pause forcée, voulue, nous régénérera et nous apportera la certitude qui nous fait défaut en ces moments de questionnement. En nous attardant sur la vision de notre vœu le plus cher, en le vivant jusque dans la moindre de nos cellules, nous réactivons la passion qui le sous-tend et élevons notre vibration dominante pour la rétablir au niveau supérieur de notre vision de bonheur.

La contemplation de notre vision contribue à rétablir la relation intime que nous partageons avec la Source, avec le Suprême. Nous reconnectons le canal pur de notre pensée sur la vibration claire et lumineuse de l'Univers qui sait tout, qui voit tout.

En agissant ainsi, par cette action passive que constitue la visualisation, nous sommes certains de ne pas faire d'erreur au moment d'agir physiquement. En agissant d'abord par la pensée, nous garantissons l'alignement de notre action physique sur le but recherché dans notre visualisation.

L'action passive précède l'action physique et la dirige, la guide, tel un arc qui guide sa flèche. La visualisation cible l'objectif et l'action physique le touche.

Nous parlons dans ce cas d'action inspirée. Pour savoir à quel moment agir, nous voulons d'abord explorer toutes les possibilités qui s'offrent à nous, en pensée. Ensuite, nous pouvons faire le premier pas. Ce fameux premier pas qui nous mène dans la direction de notre désir final.

Si nous agissons trop tôt, sans nous arrêter, nous risquons de rater la cible ou de partir dans une direction qui ne sert pas réellement notre but. Bien évidemment, nous pouvons toujours réviser notre parcours. Cependant, plus nous nous laissons inspirer par notre vision ultime, plus nous sommes certains d'effectuer une action appropriée et juste. C'est la quantité de petites actions justes qui nous assurera d'atteindre rapidement notre but.

Mais qu'est-ce qu'une action inspirée? Une action inspirée est un acte de création joyeuse, qui est accompli dans un climat d'anticipation délicieuse. En agissant de manière inspirée, nous ressentons déjà le bonheur de notre vision réalisée. Nous nous sentons emportés dans un tourbillon d'intuition excitant et puissant. Nous agissons comme nous volons, en direction de notre but, vers la manifestation de notre vision anticipée.

Une action inspirée est toujours menée dans la joie, comme une évidence, du plus profond de notre être. Elle nous est soufflée par l'Univers et notre petite voix intérieure, avec une puissance telle que nous sommes incidemment inspirés de l'accomplir, même si sa réalisation ne semble pas avoir de lien direct avec le but que nous recherchons.

L'action non joyeuse, quant à elle, offre la promesse de résultat non voulu. Elle se produit lorsque nous plongeons dans l'action, sans nous arrêter, ou lorsque nous agissons selon un schéma de « choses à faire », étriqué et logique. L'action-réaction défie la loi d'attraction.

Elle est une forme de résistance au flux de la vie en nous. Elle s'oppose à l'écoulement joyeux de la joie et est réalisée dans une atmosphère de devoir, de convenance et de principes.

Pour accompagner le processus de manifestation, harmonieusement et sans heurt, nous voulons être à l'écoute de ce que notre être profond nous souffle. Nous voulons avancer doucement, paisiblement, en voguant dans le sens du courant. Nous voulons insuffler l'énergie de notre action inspirée, régulièrement et joyeusement, sans nous presser ni forcer les événements.

L'action inspirée est sereine et paisible. Elle n'est pas pressée. Elle prend tout son temps. Nous savons que nous avançons vers notre but. Nous savons que tout arrive au bon endroit au bon moment. Nous nous abandonnons au rythme et au mode de l'Univers.

Pour résumer, voici comment nous réalisons l'action parfaite :

- Nous pensons d'abord à notre vision et lançons la pensée de sa réalisation harmonieuse et idéale.
- Ensuite, nous visualisons cette vision, en la ressentant jusque dans ses moindres détails. Nous la vivons jusqu'au

fin fond de nos cellules. Chaque particule de notre corps et de notre âme en frissonne de plaisir suprême et de joie.

- Enfin, nous espérons la réalisation de notre vision. Nous l'attendons avec une anticipation joyeuse. Nous remercions à l'avance pour sa réalisation certaine et envoyons notre profonde gratitude dans l'Univers tout entier. Nous savons que notre action contribuera au développement et à l'avancement de l'ensemble de l'Univers.

Car notre action Inspirée s'effectuera toujours pour le bien de tous. Contrairement à l'action-réaction qui nous est soufflée par notre moi limité, l'action inspirée nous est insufflée par notre être intérieur.

Voilà un bon moyen de reconnaître une action inspirée d'une action égotique : effectuez le test du « bien pour tous ». Demandez-vous si votre action aura un impact global sur l'avancement harmonieux et serein du monde. Va-t-elle dans le sens du bien du monde? Contribuera-t-elle à améliorer la vie globale de la planète? Si la réponse est oui, avancez sans hésiter. Il s'agit bien d'une action inspirée.

L'action inspirée a un spectre de création universel. Née de l'Univers, son rayon d'action embrasse l'Univers. Voilà pourquoi il est important que votre vision voit grand. Nous sommes des maîtres cocréateurs de l'Univers. Nous voulons agir pour le développement global du monde qui nous entoure!

Notre désir d'agir peut parfois être contrecarré par notre peur d'agir. Inconsciemment, nous pouvons avoir peur d'échouer. Ou nous pouvons avoir peur de réussir. Ou encore, nous pouvons craindre l'opinion d'autrui.

À nouveau, l'action inspirée étant engendrée par l'Univers, si nous prenons le temps de nous arrêter et de nous mettre à l'écoute de notre voix intérieure (la voix de l'Univers), nous serons poussés à agir pour le bien de tous. Notre action individuelle ayant une portée universelle, notre peur personnelle sera immédiatement dissipée par la puissance et la force de notre vision universelle.

La certitude et la confiance que nous gagnons en nous recentrant sur notre vision puissante et globale seront autant de guides et d'alliés sur notre parcours. Nous avancerons malgré nous, comme portés par une force qui n'est pas la nôtre. Nous serons inspirés par l'Univers, et nos actions seront inspirées par la vibration de l'Univers.

Nous serons transformés, notre vibration s'élèvera au point où nos proches ne nous reconnaîtront plus, nous serons comme transfigurés par la force universelle qui agit à travers nous.

Le meilleur remède contre la peur, c'est de faire le premier pas. Tel l'enfant qui apprend à nager et qui a envie de sauter. Une fois qu'il aura fait le premier pas, une fois le premier saut exécuté, il ne pourra plus s'en passer. Son désir d'agir, inspiré par la vision qu'il a de lui-même sachant nager, lui insufflera la force de sauter. Et ce premier pas, cet acte inspiré, lui procurera la confiance de recommencer encore et encore.

Il existe plusieurs facteurs qui risquent de nous empêcher d'agir. Si nous nous laissons influencer par ceux-ci, nous aurons tendance à éviter d'exécuter l'action qui nous est inspirée.

Premièrement, il y a nos propres croyances, qui nous limitent si nous les laissons penser à notre place. Nos croyances sont à la base de nos pensées inconscientes. Il est donc important de nous réapproprier le pouvoir de notre pensée en choisissant consciemment les pensées auxquelles nous souhaitons accorder notre attention.

Ensuite, il y a l'idée que, pour que l'action soit efficace, nous devons exécuter une action « importante », une action d'envergure, au risque de nous faire peur devant l'ampleur de l'action que nous voulons entreprendre. Dans ce cas, lorsque la peur surgit, c'est un signe clair que nous ne sommes pas alignés sur notre pouvoir, sur la source de notre force intérieure. À nouveau, prenons le temps de nous arrêter et de visualiser notre vision. Celle-ci nous inspirera une action qui, même de petite ampleur, nous fera effectuer un grand pas dans la direction que nous nous sommes choisie.

Enfin, il y a la pensée que notre action doit être « originale » ou « exotique ». Nous croyons souvent que notre action doit être totalement novatrice, à l'opposé même des actions que nous effectuons tous les jours, même alignés, en direction de notre but. Nous nous trompons. En réalité, nous pouvons agir à l'endroit même où nous sommes, en exécutant un acte normal et habituel, mais doté de la vibration élevée de l'action inspirée, c'est-à-dire guidé par la force consciente de notre pensée et de notre vision suprême. Cet acte, si infime soit-il, sera porteur d'un renouveau et d'une cocréation, d'une recréation, significative pour notre parcours voulu.

Il est clair dès lors que nous pouvons poursuivre la réalisation de nos actions habituelles pour avancer. Simplement, choisissons de les effectuer d'une certaine manière, de la manière inspirée et guidée décrite plus haut. Dorénavant, nous voulons penser différemment et ressentir chacune de nos pensées réalisées. Nous choisissons d'être présents dans chaque action que nous accomplissons et de commencer là où nous sommes, ici et maintenant.

La conjugaison de notre pensée consciente et de notre ressenti intense insufflera la vie dans notre vision et nos pensées présentes, accompagnées de nos actions immédiates, forgerons notre futur souhaité. Nous cocréerons à chaque instant la vie de nos rêves, en connaissance de cause et de manière totalement délibérée.

Cependant, nous voulons agir différemment qu'à notre habitude, sans nécessairement faire des choses différentes. Nous apprenons à agir autrement, consciemment et aisément, sans heurt ni résistance, en nous laissant guider par notre voie intérieure et les coïncidences que l'Univers nous présente. Nous acceptons d'être surpris par celles-ci et, surtout, par la manifestation de notre désir.

La souplesse dont nous faisons preuve par rapport à la réalisation de nos désirs résulte de notre abandon total aux voies de l'Univers. Nous pouvons créer notre vision globale, mais c'est l'Univers qui en créera le résultat. Abandonnons-nous à sa sagesse, lui qui sait tout, et laissons-le œuvrer pour notre bonheur à tous.

L'Univers sait mieux que nous ce que notre âme veut réellement. Il créera une vision bien plus grande et bien plus belle que ce que nous-mêmes avions imaginé. Aussi, visualisons et ressentons ce que nous voulons et n'oublions pas de nous laisser inspirer avant d'agir.

Vos exercices de Bien-être :

- Laissez-vous inspirer par l'action parfaite.
- Faites le test du « bien pour tous ».
- Sautez et accomplissez un acte à la fois, un acte banal mais inspiré.

Chapitre 13

Recevoir

Nous avons tous pris l'habitude d'ignorer les compliments que nous recevons régulièrement. Nous feignons de ne pas entendre les mots louangeurs, les expressions qui soutiennent et valorisent. Le bon qui vient vers nous, nous l'ignorons d'un regard lointain en tournant la tête de gêne ou par fausse modestie.

Cette habitude, nous voulons la changer. Nous voulons accepter et accueillir tout ce qui nous arrive comme soutien, encouragement, reconnaissance et admiration. Notre âme s'en nourrit. Elle en a besoin pour grandir et avancer.

Il est bon que nous adoptions dès lors une nouvelle habitude qui nous permette de recevoir cela même que nous refusons inconsciemment. Car en ignorant ces mots et ces attentions, nous repoussons le bien de l'Univers. Ces cadeaux quotidiens qui nous arrivent sous la forme d'un sourire, d'un mot gentil, d'un message encourageant, nous pouvons les accueillir pour ce qu'ils sont, avec fierté et reconnaissance. C'est une pratique comme une autre, qui consiste à utiliser encore et encore le muscle de la réception, jusqu'à ce que le processus d'acceptation et d'accueil de l'abondance que nous offre l'Univers, devienne notre mode de vie normal et habituel.

Nous voulons automatiser l'accueil et la réception de tout ce qui se manifeste dans notre vie : abondance, contraste, bonheur. Il existe une formule en cinq étapes destinée à nous aider à développer ce réflexe de réception.

Cette formule s'applique à tout don sous quelque forme que ce soit. Qu'il s'agisse de compliments, de reconnaissances, de déclarations d'affection, nous pouvons mettre ce processus en pratique et l'exercer jusqu'à en faire un automatisme sain et pur.

Voici le détail du processus de réception :

- Lorsque quelqu'un vous offre un cadeau, un merci, un signe d'affection ou de reconnaissance, faites une pause. Attendez un moment avant de répondre. Ainsi, vous désarmez votre réflexe inné, votre habitude de détourner la tête ou d'ignorer le geste, ou encore de vous minimiser devant la personne. En désarmant le réflexe, cette pause annule l'effet de vos déviances automatiques et réajuste le canal qui vous lie à votre être véritable.

Vous vous recentrez sur ce que vous voulez réellement exprimer, en réponse à ce que vous êtes réellement et non à une image que vous voulez renvoyer. Votre réflexe désamorcé, vous pouvez accueillir l'énergie qui vous est envoyée, en toute franchise, avec une réelle reconnaissance.

- Une fois que vous vous sentez à nouveau centré, respirez profondément pour ramener votre attention sur votre corps et sur votre présence dans l'instant de l'échange. Ce faisant, vous intensifiez votre ressenti de réception et d'accueil de ce qui vient vers vous.

Vous ramenez votre conscience là où vous voulez qu'elle soit : sur la reconnaissance de l'énergie échangée dans le don, de l'amour qui vous est envoyé, de la reconnaissance que vous voulez témoigner. La présence physique ici et maintenant est essentielle à tout déroulement harmonieux d'un échange relationnel. En étant présent, vous accueillez vraiment l'autre.

- Lorsque vous vous sentez présent physiquement sur la scène de l'échange, prenez physiquement en main ce que l'autre personne vous donne. Faites consciemment le geste de recevoir et accueillez délibérément dans votre sphère le don venant de la sphère de l'autre. S'il s'agit d'un don non tangible, laissez-le entrer dans votre énergie. Ressentez-le profondément en vous et percevez l'énergie d'amour qui vous inonde par ce partage.

Visualisez que vous accueillez cet objet ou ces mots dans votre univers, que votre vibration s'en trouve élevée et que vous partagez l'énergie bienveillante de la personne qui vous l'offre.

- Ensuite, dites *Merci.* C'est tout. Remerciez tout simplement, par ce seul mot empli de tout son sens. Recevez le don qui vous est offert avec gratitude, abondamment. Ressentez cette profonde gratitude vous immerger physiquement et percevez la jouissance prodiguée par l'accueil de ce don.

Vivez le bonheur suprême que ce don, qui peut sembler infime, procure à votre âme. C'est un grand moment d'échange entre vous et la personne. Vivez-le comme tel. Comme un cadeau puissant de l'Univers. C'est l'Univers qui vous partage son Abondance par l'intermédiaire de cette personne.

- Le don est à vous maintenant. Il vous appartient dès lors de choisir ce que vous voulez en faire. Vous avez le pouvoir d'en disposer comme bon vous semble.

Si le cadeau reçu correspond à votre vibration dominante, s'il fait partie des objets ou des sujets auxquels vous choisissez d'accorder de l'attention, vous voudrez le garder. Si, par contre, ce don vous procure une énergie non accordée à la vibration que vous émettez, vous voudrez en faire don à quelqu'un d'autre et perpétrez ainsi l'échange universel, ou vous en disposerez d'une manière ou d'une autre, en accord avec ce que vous choisissez de laisser entrer dans votre univers.

Nous pouvons apprendre à développer ou à étendre davantage encore notre capacité de réception. Lorsque nous avons perdu l'habitude de recevoir, il est bon de décider d'exercer ce « sport » de manière plus assidue, par exemple, en demandant de l'aide et en acceptant d'en recevoir. Faire appel au soutien d'autrui peut sembler surhumain à certaines personnes. Or accepter l'assistance des autres est également une forme de capacité de réception.

Par ailleurs, nous pouvons apprendre à recevoir les suggestions ou les conseils d'autres personnes, pour peu que ces suggestions et conseils entrent en correspondance avec ce sur quoi nous voulons nous concentrer, une fois de plus.

Enfin, notre capacité de réception peut inclure l'accueil d'argent. L'Univers est abondant sous toutes les formes possibles et inimaginables. Il offre également des moyens financiers, de l'argent ponctuel, qui peut nous arriver de façon « magique ». Tout cela, c'est l'Univers qui l'orchestre, selon nos demandes, selon notre capacité à recevoir.

Pour développer le muscle de la réception, nous pouvons apprendre à nous ouvrir à de nouvelles possibilités ou idées. C'est une autre manière de recevoir l'abondance de l'Univers, par l'accueil de ses enseignements et de sa sagesse. Nous pouvons choisir de recevoir une forme de *coaching*, un soutien moral et psychologique d'une personne susceptible de nous aider à avancer vers notre but. Nous pouvons choisir une personne qui concorde avec notre vision des choses et qui nous pousse à aller au-delà de cette vision, à l'approfondir et à l'ouvrir à d'autres perspectives.

Nous pouvons vouloir développer une nouvelle relation avec nous-mêmes. Nous voulons apprendre à nous accepter comme un être digne de recevoir et d'accueillir des dons. Nous voulons accueillir l'abondance qui nous arrive, la reconnaître et la recevoir avec reconnaissance et gratitude. Ainsi, nous nous ouvrons à tout ce que l'Univers manifeste en réponse aux désirs que nous avons émis.

Si nous voulons que cette habitude devienne courante, apprenons à recevoir tout ce qui nous vient. Les succès comme les contrastes, les sourires comme les regards en coin. Développons notre capacité de recevoir à un point tel que nous ne pouvons plus qu'accueillir tout ce que les autres et l'Univers nous envoient et nous donnent. Ce faisant, les possibilités de recevoir deviendront plus régulières et nous serons émerveillés de l'abondance qui nous entoure et que nous ne voyions pas auparavant.

En développant notre capacité à recevoir, nous ouvrons nos yeux sur les largesses de l'Univers. Nous les reconnaissons et les voyons enfin. Nous les accueillons et les attirons de plus en plus. Non seulement nous demandons ce que nous voulons, mais nous le recevons avec élégance et paix de l'esprit. Nous permettons au cycle de la manifestation de s'exécuter avec harmonie et souplesse. Tout est parfait.

L'art de la réception prend souvent la forme de la générosité envers nous-mêmes. Notre autoacceptation est essentielle à la réception de ce qui nous vient de l'extérieur. En recevant ce que nous nous donnons à nous-mêmes, en recevant de nous tout simplement, nous nous ouvrons à ce que l'Univers nous donne. Rappelez-vous, ce qui est interne détermine ce qui est externe.

Prenons du temps pour nous, offrons-nous tout le bien-être que nous voulons, et nous attirerons et recevrons le bien-être universel. Soyons un modèle de réception des dons des autres en commençant par nous-mêmes. Apprenons à tout recevoir.

Vos exercices de bien-être :

- Exercez votre muscle de la réception en recourant au processus de réception en cinq étapes.
- Demandez de l'aide et acceptez d'en recevoir.
- Accueillez l'argent qui vient vers vous, les conseils qui sont en harmonie avec votre vibration, les occasions qui se présentent.
- Soyez généreux envers vous-même et accueillez les dons que vous vous faites.

« Depuis mon départ de la " vie d'entreprise " traditionnelle à l'âge précoce de 42 ans, je mène une quête personnelle " à la recherche de mon bonheur ". Depuis, j'ai été continuellement frappée par le fait que, bien que l'on parle et que l'on étudie beaucoup " le pouvoir des intentions ", il me semble que plusieurs personnes " ne le vivent pas " encore vraiment. " Le " désignant leur vie, leurs rêves ou leur réalité propres dans le bonheur et le bien-être.

Vivre sa vie " pour un but " et dans la création délibérée est magique, mystérieux, et certains diraient " tout simplement miraculeux ". Je vis un émerveillement quotidien lorsque je suis témoin du jeu des " coïncidences " qui se succèdent pour mon plus grand plaisir et mon plus grand divertissement. J'ai un nouveau terme pour exprimer le mot coïncidence, *je le remplace maintenant par* clin d'œil de l'Univers, *et lorsqu'il s'en produit un, je le sais!*

[...]

Ce sont nos " bonnes " pensées et nos " bons " sentiments qui forment la matière première de la création de ce que nous désirons dans notre vie. Savoir avec clarté ce que nous voulons vraiment est souvent la chose la plus difficile et la plus importante qui soit. Que voulez-vous quand tout possible? Tout comme l'art de la prière et de l'appréciation, définir mes intentions et demeurer dans un état de certitude et de réception me réjouit d'instant en instant chaque jour!

Peu importe ce que vous voyez dans votre vie, décidez simplement que " tout va bien ", parce que se sentir bien est TOUJOURS un choix.

Pendant de nombreuses années, j'ai lu et j'ai pris à cœur cette affirmation personnelle qui pend au mur près de mon bureau : " J'ai TOUJOURS plus qu'assez d'argent pour vivre la vie que je choisis, pour m'amuser et pour investir ".

Julie Coombs, Ontario, Canada, cocréatrice, entrepreneure, coach *de vie et consultante sur Internet*

Chapitre 14

Une journée parfaite

Pour bien commencer votre journée, il est important d'adopter une attitude de gratitude avant de vous endormir la veille au soir. Ainsi, vous êtes assuré de vous réveiller du bon pied, bien aligné sur votre désir de passer une journée parfaite, et relié ou connecté à la source de votre bien-être.

Nous n'imaginons pas combien l'attitude que nous avons en nous endormant imprègne la Substance Divine – tout autant, si pas plus, qu'en mode d'éveil. Lorsque nous nous endormons, nous entrons dans un mode alpha, les ondes de notre cerveau diminuent de fréquence et nous entrons dans un état de légère relaxation proche de la méditation. Le mode alpha est parfois appelé « l'état de super apprentissage » parce que notre cerveau semble être plus réceptif et plus ouvert aux nouvelles informations. Le canal qui nous relie à l'Univers est totalement ouvert et nous recevons l'énergie qui nous arrive sans aucune résistance ni limite. Nous voulons dès lors que les pensées et demandes que nous envoyons en ce moment d'ouverture totale soient entièrement axées sur la vibration agréable et sereine que nous voulons ressentir dans notre sommeil. Au réveil, cette vibration dominante demeurera et nous accompagnera tout au long de la journée si nous focalisons notre attention sur son maintien.

L'image de la caverne d'Ali Baba peut nous aider à concentrer nos pensées sur ce que nous voulons ressentir et attirer dans notre expérience. Ce jeu se joue le soir avant de s'endormir et le matin au moment de sortir des limbes du sommeil. Vous visualisez la caverne d'Ali Baba qui contient chacun de vos moindres désirs réalisés. Il peut s'agir de choses matérielles (argent, maison, bateau, voiture, etc.), d'un environnement (quartier de la ville, région d'un pays, communauté d'amis...), d'une ambiance ou de votre idéal de vie.

Chaque soir et chaque matin, alors que vous êtes allongé dans votre lit, vous visualisez votre caverne d'Ali Baba s'ouvrant sur toutes ces merveilles désirées. Voyez-vous utilisant celles-ci, vivant dans ce quartier, partageant votre temps libre avec ces amis, évoluant et agissant dans ce décor de maison, de voiture ou de bateau. Ressentez le bonheur que vous vivez à cet instant, avec tous vos rêves réalisés autour de vous, plongé dans cette ambiance et entouré de ces personnes.

Une fois que vous avez vécu intensément cette visualisation et que vous vous sentez comblé, endormez-vous si c'est le soir et levez-vous si c'est le matin. Dans les deux cas, vous aurez aligné une fois encore votre vibration dominante voulue. Vous pouvez maintenant passer au rituel du matin.

Ce rituel ne dure que dix à quinze minutes au maximum. Vous pouvez aisément l'inclure dans le commencement de votre journée, juste après le lever.

Rituel du matin :

- Souriez pendant une minute. Devant la glace ou assis sur votre lit, prenez le temps de vous accorder un sourire. Ce faisant, vous souriez à l'Univers tout entier, à la journée qui commence et à toute personne et situation que vous allez attirer dans les 24 heures qui suivent.

- Ensuite, méditez pendant cinq minutes environ. Peu importe comment vous le faites, assis ou couché, fermez les yeux et affirmez encore davantage vos sensations de bien-être en posant votre esprit et en vous concentrant sur l'appréciation du moment présent, ces quelques minutes de calme et de paix avant le début de l'activité journalière.

- Enfin, portez votre attention sur votre respiration. Concentrez-vous sur vos inspirations et vos expirations, lentes et douces, en prenant conscience de ce corps qui va vous soutenir tout au long de vos actions physiques. Célébrez-le en lui offrant la vie que vous insufflez à chacune de vos respirations.

Dès ce petit rituel du matin terminé, il est bon de rédiger votre **liste des tâches**. Cette liste, certaines personnes préfèrent la rédiger à la fin de leur journée active. Une fois de plus, faites ce qui vous convient le mieux.

La liste des tâches est la liste des premières idées qui vous viennent à l'esprit concernant l'état d'esprit que vous voulez avoir tout au long de votre journée. En axant votre liste sur ce que vous voulez être, sur un état de bien-être constant, vous privilégiez votre ressenti avant l'action. Et vous vous permettez d'agir par inspiration plutôt que par devoir. Toutes les actions inspirées que vous réaliserez selon vos besoins, vos envies ou le plan que vous avez établi seront dès lors puissantes et efficaces, car accompagnées d'un enthousiasme et d'une passion continue. Vous faites ce qui vous fait du bien et attirez davantage de situations agréables de ce fait.

Une fois que vous avez rédigé votre liste des tâches, je vous invite à rédiger une liste pour l'Univers. La liste des tâches vous permet de vous harmoniser avec votre moi et de définir ce que vous vous sentez inspiré à réaliser par vous-même. Cependant, il est certainement des éléments qui vous dépassent ou que vous ne souhaitez pas exécuter vous-même parce que vous ne vous sentez pas prêt à agir dans ce sens. Dans ce cas, remettez-vous-en à l'Univers. Faites-lui confiance et donnez-lui les rênes de la réalisation de ces choses.

Par exemple, dans votre liste des tâches, vous avez inscrit :

- Me sentir bien quoi qu'il arrive.
- Téléphoner à un tel pour prendre un rendez-vous et lui demander conseil.
- Aller prendre les enfants à l'école et me sentir en paix et serein sur le trajet vers et de retour de l'école.
- Demander congé à mon patron pour la période…

Sur la liste des tâches de l'Univers, vous pourriez inscrire :

- M'éclairer sur la manière dont je pourrais lancer ma propre entreprise.
- Attirer l'argent nécessaire pour assister à tel séminaire donné par… au mois de…
- Etc.

Une fois détaillée la liste des tâches de l'Univers, laissez aller toute pensée ou préoccupation concernant ce que vous y avez inscrit et focalisez-vous uniquement sur votre propre liste des tâches. Cette liste n'étant ni exhaustive, ni obligatoire, commencez par l'action qui vous appelle ou qui vous passionne le plus et exécutez-la jusqu'au bout. Lorsque celle-ci est totalement terminée, vous sélectionnez la deuxième action la plus inspirante et vous l'accomplissez à fond. Et ainsi de suite, jusqu'à ce que vous estimiez avoir réalisé ce qui vous inspirait ce jour-là.

Si vous n'avez pas terminé votre liste, ne vous en blâmez pas. Au contraire, célébrez et fêtez chaque action réalisée et terminée AVANT d'entamer la suivante. Ainsi vous referez le plein d'énergie et vous pourrez avancer bien plus efficacement et bien plus rapidement que si vous exécutiez chaque tâche jusqu'à en être saturé.

Maintenant que vous êtes prêt à entamer votre journée, pensez à prendre conscience de ce que vous ressentez à tout moment. Tout au long de la journée, arrêtez-vous un moment et posez-vous la question : « Comment est-ce que je me sens à cet instant? » Faites des pauses régulières, toutes les deux heures par exemple, pour vous aligner sur votre ressenti de bien-être.

Ce réalignement s'avérera essentiel dans les situations qui vous apparaissent désagréables ou perturbantes, ou encore « stressantes » dans le jargon professionnel. À chaque sensation de stress, effectuez une pause et posez-vous les questions :

- Comment est-ce que je me sens en ce moment?
- Stressé/courroucé/perturbé/triste/perdu...
- Qu'est-ce qui est important?
- Que je me sente bien quoi qu'il arrive.
- Quelle pensée ou image va me permettre de me sentir bien en ce moment?
- Visualisez cette image ou pensez cette pensée et recentrez-vous sur votre bien-être.

Vous voilà reparti du bon pied!

Une autre manière de procéder, tout aussi efficace, consiste à reconnaître la vibration qui vous déplaît. Vous déterminez ce qui vous dérange et acceptez que ce ne soit pas ce que vous voulez (« je ne veux pas... »). Puis vous faites pivoter votre ressenti par le rire. Le rire vous réaligne sur votre plaisir et votre bien-être suprême. Il n'y a pas de meilleure thérapie contre le mal-être que le rire. Il détache les liens qui vous tirent vers le bas et vous permet de vous élever au dessus de la grisaille.

Par le rire, vous vous reconnectez à la source du bien-être total. C'est ce que vous recherchez également lorsque vous vous demandez « qu'est-ce qui est important? », « que je me sente bien quoi qu'il arrive ». Le rire, c'est l'affirmation que vous vous sentez bien quoi qu'il arrive. Que la réalité n'est que momentanée et que votre désir de bien-être, lui, est permanent.

Pour diriger vos pensées vers votre bien-être, vous pouvez également utiliser chaque situation et chaque rencontre comme outil d'alignement constant. Devant chaque événement que vous vivez, demandez-vous :

- Qu'est-ce que j'aime à ce propos? Qu'est ce qui est positif dans cette situation?

Vous serez ainsi certain de continuellement focaliser votre attention sur ce qui vous procure un sentiment de bien-être et arriverez à apprécier chaque instant à sa juste valeur.

Il est clair que le schéma de la journée parfaite présenté ici forme un ensemble de suggestions parmi lesquelles vous allez choisir chaque jour ce qui VOUS apporte le bien-être. Une journée parfaite n'est pas l'autre. Chacune de vos journées est unique et le restera. Utilisez simplement quelques-uns des outils que je vous procure ici pour modeler consciemment votre journée.

- Ainsi, je vous invite pendant la journée à collecter des données concernant vos désirs, vos vœux, petits et grands, vos souhaits. Deux à trois fois par jour, observez ce qui vous entoure, ceux qui vous approchent ou que vous croisez, les vitrines des magasins que vous aimez, le quartier, les paysages, etc., et prenez l'habitude de griffonner sur un petit carnet les désirs que tout cela vous inspire.

Comme je l'ai déjà dit, nos désirs évoluent avec notre expérience de la vie et plus vous reconnaîtrez vos nouveaux désirs, plus vous en attirerez d'autres. Il ne s'agit pas ici de vous frustrer en ayant l'impression de ne jamais être content de ce que vous avez, non!, il s'agit de vous ouvrir aux possibilités, à vos nouveaux goûts, et de les accepter tout en les exprimant par écrit.

L'écriture donne corps à la pensée et la main qui écrit aligne le canal de la personne qui écrit, sur la source suprême, cocréatrice de ses moindres désirs. Lancez simplement vos demandes et l'Univers y répondra selon la passion et la force de votre foi et de votre détermination.

- La boîte de création constitue la forme tridimensionnelle de la liste des tâches de l'Univers. Elle offre un point d'attraction vibratoire à vos pensées et à vos désirs, un noyau qui définit concrètement vos demandes et vous permet de spécifier l'essence même des envies, du travail et des relations désirées, par exemple. En y plaçant les photos découpées dans des magazines, les mots, les phrases, etc., relatifs à ce que vous voulez expérimenter dans votre vie, vous focalisez non seulement votre attention, mais également l'attention de l'Univers tout entier, la concentration de ses forces et de ses mouvements, sur ce que vous voulez précisément.

Par ailleurs, la boîte de création est un jeu très plaisant à jouer au quotidien et très apprécié de nos enfants et de notre enfant intérieur. Le processus de création est un processus essentiellement joyeux et agréable, aussi toute technique amusante est la bienvenue dans votre programme de manifestation journalier.

- Trente secondes suffisent pour visualiser votre image mentale claire et l'imprégner chaque jour davantage sur la Substance Informe de l'Univers, la trame universelle. Pendant ces 30 secondes, imaginez les scènes joyeuses de votre image de vie idéale. Allez à l'essentiel. Ressentez la vibration bienheureuse de votre idéal de vie.

Vous vous alignerez sur votre but suprême, encore et encore, et celui-ci deviendra de plus en plus clair et se réalisera plus rapidement si vous faites cet exercice avec force et détails. C'est la puissance de votre ressenti qui vous confirmera la validité de l'image. La passion qui vous traverse au moment de la visualisation est révélatrice de sa justesse dans votre plan de vie.

- Comme vous le faites tous les matins et tous les soirs, pensez à pratiquer l'attitude de la gratitude. Tout au long de la journée, remerciez pour ce que vous avez et pour ce qui vient à vous. Cette attitude reconnaissante contribuera à développer un bien-être constant et à intensifier votre vibration dominante voulue.

La gratitude est un élément clé du bonheur. Sans elle, nous vivons les choses sans les voir, en passant. La gratitude nous aide à ouvrir les yeux sur le bonheur que nous vivons ici et maintenant et à demeurer ouverts à toutes les bénédictions de l'Univers.

- Une fois votre journée active terminée, il est temps de clôturer votre journée en beauté. Le rituel du soir que je vous propose consiste à revoir et à ressentir à nouveau tous les bons moments de votre journée. En les passant en revue, vous réactivez en vous le bonheur que vous avez reçu et vous remerciez pour ces bienfaits.

Vous pouvez également rédiger une liste de vos succès de la journée. Cette liste sera très appréciable lorsque vous choisirez de la relire dans vos moments de doutes ou de contrastes. La liste des succès reprend les petits et les grands succès. Elle peut indiquer la victoire d'un sourire envoyé à quelqu'un que vous n'appréciez pas, un travail achevé, un geste attentionné, donné ou reçu, une parole difficile à exprimer, etc.

Cette liste est importante dans la mesure où elle oriente votre esprit sur votre appréciation de vous-même et sur l'appréciation des autres. En la rédigeant, vous appréciez les bienfaits et les bénédictions que vous avez pu accorder, de même que ceux que vous avez pu recevoir. La reconnaissance des bénédictions de votre journée n'a pas de prix pour votre bien-être relationnel.

- Pour bien préparer la nuit à venir, avant de vous endormir, lancez l'intention d'utiliser l'outil du rêve pour manifester ce que vous désirez pendant que vous dormez. L'intention ainsi imprimée sur la substance d'origine, au moment où vous êtes le plus vulnérable et le plus ouvert aux influences de la source, prendra toute sa force et contribuera d'autant plus à la manifestation de vos désirs au cours de votre sommeil.

L'Univers ne dort pas. Il crée à chaque seconde, que vous dormiez ou non. Tout message ou intention ou affirmation ou mantra récité ou affirmé au moment du réveil ou de l'endormissement est décuplé par l'état de totale ouverture dans lequel vous vous trouvez, cet état proche de la méditation qui vous accompagne lorsque vous plongez dans les bras de Morphée ou lorsque vous quittez les limbes du sommeil. Utilisez ces deux moments à bon escient pour renforcer vos demandes.

Surtout, ne vous laissez pas impressionner par le terme *rituel*. Il s'agit simplement d'un processus que je vous propose de suivre et n'a rien à voir avec les rituels d'une religion ou d'une pratique quelconque. Comme je viens de le dire, le pouvoir des rituels du matin et du soir découle de l'état alpha dans lequel vous vous trouvez à ces deux moments de la journée. Vous êtes entièrement connecté à l'Univers et le lien qui vous y relie est on ne peut plus pur.

En résumé, si vous deviez ne retenir que quelques éléments suggérés pour votre journée parfaite, appliquez les rituels du matin et du soir ainsi que l'attitude de gratitude. Les 30 secondes de visualisation de votre image mentale claire constituent également un élément majeur pour la réalisation rapide de votre idéal.

Dans tous les cas de figure, choisissez les techniques qui vous plaisent et qui vous conviennent chaque jour. Une journée n'est pas l'autre, aussi adaptez vos processus de création à chaque journée qui commence.

Les exercices proposés dans ce manuel, et plus spécifiquement dans ce chapitre, peuvent paraître fastidieux au départ, mais ils s'apprennent vite et se transforment vite en automatisme. Dès lors, plus vous choisissez ce qui vous convient, plus vite vous en ferez une habitude constructive. Une habitude plus une autre habitude plus une autre habitude donneront rapidement naissance à une journée plus que parfaite!

Vos exercices de bien-être :

- Entrez dans votre caverne d'Ali Baba.
- Exécutez le rituel du matin pendant cinq à dix minutes.
- Établissez votre liste des tâches.
- Rédigez la liste des tâches de l'Univers.
- Posez-vous constamment la question : « Comment est-ce que je me sens en ce moment? »
- Riez pour pivoter.
- Devant un contraste, demandez-vous : « Qu'est-ce qui est positif dans cette situation? »
- Observez et notez vos nouveaux désirs, et remplissez votre boîte de création.
- Visualisez pendant 30 secondes votre image mentale claire.
- Adoptez l'attitude de la gratitude.
- Exécutez le rituel du soir.
- Utilisez l'outil du rêve.

Chapitre 15

La gratitude

La sensation désagréable qu'offre toute pensée négative peut être aisément transformée en posant la question suivante :

« Est-ce que je voudrais que cette pensée se manifeste sous une forme tangible ou qu'elle ait une influence réelle sur ma vie dans les trois minutes qui suivent? »

La question des trois minutes permet de changer instantanément de focalisation et d'adopter consciemment une pensée de bien-être. Car étant donné que la réponse sera très certainement non, vous ferez immédiatement suivre cette première question par celle-ci :

« Qu'est ce qui est important pour moi maintenant? »

Réponse : « Que je me sente bien. »

« Quelle pensée ou quelle vision ou quelle action va me permettre de me sentir bien maintenant? »

Pour changer de vibration énergétique et passer de la vibration basse d'une pensée non voulue à la vibration supérieure de ce qui nous fait du bien, nous avons une multitude de possibilités. Nous pouvons danser, chanter ou encore manger notre met préféré. Nous voulons changer notre rythme physique, par l'action ou par la méditation, par le ressenti ou par la visualisation de ce qui nous passionne.

Et si cela ne suffit pas à élever notre niveau de pensée, nous pouvons toujours partir en promenade, faire du vélo ou du jogging.

L'essentiel, c'est que nous portions notre attention sur ce que nous apprécions en ce moment dans notre vie. Le meilleur moyen de développer une pratique d'appréciation consiste à prendre l'habitude de s'arrêter tous les jours et de se poser la question énoncée plus haut :

« Qu'est-ce qui est important pour moi maintenant? »

Réponse : « Que je me sente bien. »

« Qu'est-ce que je peux apprécier ici et maintenant? »

En instaurant cette habitude journalière, nous nourrissons notre âme de bien-être et d'amour et, par conséquent, nous élevons la vibration de notre corps physique qui se retrouve instantanément inondé de cet amour et de ce bien-être recherchés.

> Apprécier ce qui nous entoure aujourd'hui nous permet de faire preuve de gratitude pour l'Univers et nous-mêmes. Nous cessons de nous dire : « Je ne suis nulle part » et pensons consciemment : « Je suis ici maintenant. Je suis émerveillé du chemin que j'ai déjà parcouru ».

Éprouver et exprimer de la gratitude, c'est reconnaître l'abondance qui existe dans notre vie maintenant et dire merci pour cette abondance. La reconnaissance et les remerciements sont dirigés à la fois vers l'Univers tout entier qui a encouragée et créée cette abondance, mais également vers nous-mêmes qui sommes cocréateurs de tout ce qui existe dans notre vie.

En réalité, nous sommes des maîtres créateurs par défaut, souvent inconscients de notre pouvoir véritable et de notre participation totale à la manifestation de TOUT ce qui nous arrive. Montrer de la gratitude vis-à-vis de ce qui est dans notre vie revient à nous réapproprier ce pouvoir et à nous responsabiliser par rapport à l'ensemble des événements, voulus et non voulus, auxquels nous faisons face.

Il existe trois niveaux de gratitude, qui révèlent une prise de conscience et un éveil graduels.

Il s'agit de la gratitude circonstancielle, qui correspond au niveau AVOIR de la formule erronée mais répandue, citée précédemment dans cet ouvrage : AVOIR – ÊTRE – FAIRE.

Au deuxième niveau de conscience, il y a la gratitude malgré tout qui correspond au niveau FAIRE de la formule.

Enfin, au niveau supérieur se trouve la gratitude constante, qui révèle le niveau ÊTRE de la personne.

Le niveau inférieur de la gratitude, celui de la gratitude circonstancielle, repose sur les événements et les circonstances d'un fait ou d'un objet qui nous arrive. Cette forme de gratitude est aisée. Elle consiste essentiellement à remercier pour les choses (AVOIR) que l'on obtient. Elle est essentiellement ponctuelle.

La gratitude malgré tout s'exprime en disant merci devant un « contraste » survenant sur notre parcours. À ce niveau de conscience, la personne choisit de remercier malgré tout. Elle sait que le contraste offert par la situation non voulue lui servira de guide et de repère pour rebondir et pour réaligner son désir sur ce qu'elle veut vraiment.

Le plus haut niveau de gratitude s'exprime sous la forme de la gratitude constante. À ce stade, la personne exprime une forme de remerciement constant. Sa vibration est totalement alignée sur le flux de la vie et rien ne la fait dévier de la vérité qu'elle ressent. Cette personne est éveillée et crée consciemment sa vie. Elle est totalement autonome et responsable.

Voici un moyen très simple de gravir les trois échelons de la gratitude pour atteindre l'éveil. Il s'agit de tenir un journal de gratitude. Cette pratique quotidienne, vous pouvez la réaliser tous les matins ou tous les soirs, à votre meilleure convenance, pendant cinq minutes seulement.

Dans un journal que vous choisissez avec soin, vous inscrivez dix choses que vous appréciez et pour lesquelles vous êtes reconnaissant dans votre vie. Ensuite, vous notez dix choses de votre journée pour lesquelles vous voulez remercier l'Univers.

Si vous faites cela tous les jours, même lorsque vous croyez n'avoir rien ou peu de choses à noter, vous apprendrez à rester connecté quoi qu'il arrive et à toujours « voir » et à reconnaître l'abondance dans votre vie. Et vous atteindrez aisément le niveau supérieur de la gratitude.

Car la loi de la gratitude est similaire à la loi d'attraction : toute action de votre part entraîne une réaction instantanée. Si vous remerciez constamment pour tout ce que vous avez, pour tout ce que vous faites et pour tout ce que vous êtes, vous recevez constamment la même chose. En émettant la vibration de la gratitude, vous attirez à vous davantage de choses à apprécier. Et le bien-être permanent est à votre portée.

Le bonheur est un choix. Décidez de toujours vous sentir bien, décidez de toujours ressentir le bien-être, et vous en recevrez en plus grand nombre. C'est un cycle sans fin.

La pratique de la gratitude et son ressenti apportent de nombreux avantages. Vous vous sentez plein de vitalité. Vous êtes optimiste et heureux à tout instant. Vous développez l'habitude du bonheur. Vous rayonnez de joie. Vous irradiez l'énergie positive et généreuse de la personne en bonne santé, vive et radieuse.

Bref, la gratitude est non seulement un excellent outil de création consciente et délibérée, mais elle représente également le remède parfait au découragement, aux nombreux contrastes et à la défaillance physique ou morale.

Par ailleurs, il est important de souligner que la gratitude influence la créativité. Elle nous permet en effet de désamorcer la tentation de la pensée compétitive pour promouvoir la pensée créatrice. Lorsque nous sommes reconnaissants pour tout ce qui nous arrive, il nous est aisé de voir l'abondance en tout. La conscience de notre pouvoir de cocréation nous encourage à développer de nouvelles initiatives et à créer tout ce que nous voulons de manière créative, car nous savons qu'il y a suffisamment de tout pour tous.

La gratitude et l'abondance vont de pair. En remerciant constamment, nous recevons sans arrêt davantage de ce que nous apprécions… et nous ne manquons jamais de rien!

> Atteindre le niveau élevé de la gratitude constante est également possible par la pratique du jeu du « comme si ». Tout comme l'exercice de la réalité virtuelle et de la visualisation créatrice, il s'agit de vivre réellement comme si nous avions ce que nous voulons. En ayant foi dans la manifestation de notre désir suprême, nous vivons dans la peau de la personne que nous voulons être, dans l'environnement que nous voulons avoir, en agissant comme nous voulons le faire.

La gratitude exprimée à tout moment en vivant « comme si » nous permet de développer une maîtrise parfaite de la gratitude constante et d'attirer à nous la scène exacte que nous « vivons ».

> Un autre avantage du journal de gratitude, c'est qu'il nous permet d'améliorer une relation par la pratique de la gratitude constante. En notant chaque jour tous les aspects de la relation que nous apprécions, nous en arrivons à focaliser toute notre attention sur ces aspects et à les encourager vibratoirement chez l'autre. L'autre répondra à cette activation vibratoire en exprimant davantage ces caractéristiques que nous apprécions chez lui ou chez elle, ce qui nous comblera de joie et de bien-être et transformera radicalement la relation pour le bonheur des deux partenaires. Il peut arriver également que l'autre ne

supporte pas l'élévation vibratoire causée par l'activation de ces aspects et qu'il quitte la relation de lui-même.

La gratitude est la clé d'une vie heureuse. Le bonheur vaut la peine d'être exprimé de la sorte.

Un dernier petit exercice pour nous encourager à pratiquer la gratitude tous les jours.

Il nous suffit de décider chaque jour de choisir ou de trouver un nouvel aspect à apprécier dans notre vie ou dans notre relation avec autrui. Nous pouvons rechercher cet aspect original auprès des passants que nous croisons ou d'un proche.

De toutes les manières, la pratique de la gratitude nous grandira toujours. Elle accroîtra notre sphère de bien-être et déteindra joyeusement sur les personnes qui nous entourent. Sa vibration élevée élèvera tous ceux et celles qui graviteront autour de nous. Alors, n'hésitons plus, pour notre bonheur à tous pratiquons chaque jour la gratitude.

Vos exercices de bien-être :

- Posez-vous la question des trois minutes.
- Changez de rythme chaque fois que vous voulez élever votre taux vibratoire.
- Appréciez ce qui vous entoure aujourd'hui.
- Tenez un journal de gratitude.
- Jouez au jeu du « comme si ».
- Améliorez vos relations par l'appréciation des aspects de l'autre.
- Recherchez chaque jour un nouvel aspect à apprécier dans votre vie.

Chapitre 16

Le don

Pourquoi voudrions-nous acquérir l'attitude du don? Tout simplement, parce que le don est un outil de multiplication majeur, un multiplicateur de premier ordre qui accélère le processus de création. Lorsque nous donnons, nous mettons en mouvement tout un ensemble d'échanges d'énergie et d'amour. Nous participons à la danse de l'amour universel, très souvent inconsciemment, et jouons un rôle important dans le partage énergétique universel.

Cette loi de la circulation consiste en une loi d'échange. Tout ce que nous donnons nous revient multiplié. Nous recevons en retour l'énergie offerte par notre élan vers l'autre et cette énergie est augmentée par les nombreux échanges dont elle a bénéficié. Ce qui nous revient est teinté des nuances et des richesses de tous ceux qui sont intervenus dans l'échange global.

Si nous voulons recevoir quelque chose de spécifique, nous pouvons dès lors tout simplement en faire don. Conformément à la loi de la circulation, nous recevrons en retour ce que nous avons donné, multiplié par x. Ainsi, nous pouvons offrir nos pensées, nos actions ou notre argent, peu importe. Si nous voulons plus d'amour, nous donnons plus d'amour. Si nous voulons plus de temps, nous offrons davantage de notre temps. Et ainsi de suite.

C'est la raison pour laquelle nous voulons savoir précisément ce que nous désirons. Si nous sommes certains de ce que nous voulons, nous pouvons donner davantage de cet élément et en recevoir davantage. Il ne s'agit pas de donner dans l'unique intention de recevoir, mais bien de donner en sachant consciemment que le simple acte de donner nous permettra de recevoir davantage.

Il est vrai que le fait de donner ouvre un espace dans la Substance Universelle. Et comme l'Univers déteste le vide, il remplira cet espace et nous recevrons davantage de ce que nous avons donné.

L'accroissement de l'énergie offerte résulte de l'ensemble total des échanges mis en mouvement par notre don initial. Notre don est créateur d'une force qui pousse l'énergie en avant vers autrui. Le geste de notre don, en se dirigeant vers autrui, encourage l'échange et offre la possibilité à autrui de faire de même et de donner à son tour. Soit notre don nous revient directement en provenance de la même personne, soit, et c'est le schéma le plus courant, il passe par une série de circonvolutions relationnelles et nous revient multiplié par l'énergie d'autrui.

Il existe trois niveaux de don :

- Donner pour recevoir un élément tangible.
- Donner pour recevoir un élément intangible.
- Le don du bien-être.

Le premier niveau de don, donner pour recevoir un élément tangible, correspond à une transaction convenue au préalable et qui suppose l'attente d'un retour. Ce niveau est de l'ordre du contrat professionnel conclu entre deux protagonistes d'une affaire quelconque. Il peut également englober l'échange de services entre les personnes, les promesses échangées, les contrats tacites entre personnes, etc.

Le deuxième niveau de don, donner pour recevoir un élément intangible, consiste à faire un don dans le but de se sentir bien. Nous donnons dans l'attente de recevoir quelque chose d'intangible, telle qu'une reconnaissance, un sentiment de générosité, etc. Nous offrons des avantages à autrui en échange d'un avantage pour soi. Ce niveau de don couvre de nombreux services de bénévolat, les dons aux œuvres de charité, etc.

À l'échelon supérieur, enfin, se trouve le don du bien-être qui représente une manière de vivre et non plus un acte ponctuel ou courant. À ce niveau de don, nous savons quelle est notre place et nous participons consciemment à la circulation éternelle de l'abondance universelle. Nous nous savons instruments de l'échange énergétique global et outils d'amour. Nous donnons comme nous respirons, sans penser à recevoir, tout en sachant que nous recevrons toujours ce dont nous avons besoin.

Ce niveau de don rejoint le niveau supérieur de la gratitude. Nous vivons le don, nous sommes le don. Nous vivons la gratitude. Nous sommes la gratitude. Nous vivons l'amour, nous sommes l'amour.

> Le muscle du don se développe de la même manière que tous les autres muscles, par des exercices courants. Commencez par donner 10 % de votre salaire ou de vos rentrées, n'hésitez pas à adapter ce pourcentage à vos capacités du moment. Le don est un geste généreux qui doit s'accompagner d'un sentiment d'abondance. En règle générale, il est recommandé de faire un don à une organisation ou à une personne qui nous offre un soutien spirituel majeur. Nous contribuons ainsi à l'abondance spirituelle de l'Univers.
>
> Pour l'un, il s'agira de donner à sa paroisse chrétienne, pour l'autre à tel ou tel temple, pour un autre encore, il s'agira de faire une donation à un groupement spirituel. Faites ce qui vous convient. Ce don doit vous combler tout autant qu'il comble l'organisme ou l'individu qui le reçoit. Offrez un don

comme vous offrez votre plus beau sourire, généreusement et abondamment.

Le *montant* que vous voulez donner, vous le choisissez de manière à demeurer capable de mener une vie confortable. Votre confort et votre bien-être physique soutiendront votre don spirituel. Vous vous sentirez généreux et abondant en agissant de la sorte. Vous pouvez toutefois choisir d'étendre un petit peu la portée de votre don en augmentant un tant soit peu le *montant* que vous comptiez initialement donner, ainsi vous lancez un message universel d'abondance et de confort financier. Souvenez-vous, tout message lancé, toute demande, tout don, attire un peu plus de la même chose, multiplié par x.

Tout ce que vous donnez vous sera rendu multiplié par x. Donnez un petit peu plus que ce que vous pourriez donner, et vous recevrez beaucoup plus que ce que vous pensez pouvoir recevoir. La loi d'attraction fonctionne à tous les niveaux de message, d'énergie et de demande. Tout don de temps, d'argent, d'amour, de tendresse est une demande de plus de temps, d'argent, d'amour, de tendresse. L'Univers répond instantanément en renvoyant ce qui est lancé et donné. N'oubliez jamais cela.

> Le don a également l'avantage de diminuer notre sentiment de peur. En prenant l'habitude d'offrir un don régulier, nous constatons que notre pensée de manque diminue et que, parallèlement, notre joie augmente. Le don nous offre la possibilité de transformer tout sentiment de manque en sentiment d'abondance, tout sentiment de peur en sentiment de joie, tout sentiment de rancœur en sentiment de reconnaissance, tout sentiment de haine en sentiment d'amour, etc.

L'attitude du don est la SEULE attitude à adopter pour retrouver la voie du bonheur et du bien-être. Tout comme la gratitude, le don nous ouvre à la source, il nous reconnecte à notre dimension unique et universelle. Il aligne notre canal énergétique sur l'amour suprême de la Substance et de la force. Le don est un outil puissant de transformation personnelle.

Car donner lance un signal clair à l'Univers. Le don laisse une impression sur l'Informe. Il intensifie notre foi en l'abondance et contribue à accroître le sentiment d'abondance de toute personne. Lorsque nous donnons, nous affirmons à l'Univers et à autrui que nous sommes abondants. Nous exprimons notre remerciement total pour l'abondance qui nous entoure, nous l'apprécions et nous en sommes reconnaissants. Tout cela dans le simple acte de donner.

Par notre don, nous nous présentons en modèle de générosité et de force abondante. Nous nous élevons au niveau puissant des créateurs conscients de leur pouvoir et de leurs capacités. Nous sommes des exemples vivants de l'abondance et de l'amour universels. En chair et en os.

« Comment devenir un donneur " joyeux et engagé ", me direz-vous? »

Il existe une règle d'or du don. Cette règle est la clé qui ouvre les canaux de l'abondance et qui élimine notre « cholestérol virtuel ». Si nous la suivons respectueusement, nous sommes assurés de ressentir joie et bien-être dans tous nos actes de donation.

> Le principe du don ou la règle d'or du don consiste à donner ce que l'on désire recevoir le plus. Ainsi, si vous voulez avoir plus de temps libre, offrez de votre propre temps libre. Si vous désirez avoir plus d'énergie, donnez plus d'énergie. Si vous voulez avoir plus d'argent, augmentez votre soutien financier à autrui. Si vous voulez que vos relations soient plus aimantes, offrez davantage d'amour à vos proches.
>
> Cette règle semble simpliste et, cependant, peu d'entre nous la connaissent et l'appliquent. Exercez-vous, faites de ce

principe un jeu et voyez ce qui vous revient et en quelles proportions. Vous serez étonné!

Il est bien entendu que, dans tous les cas de figure, nous voulons abandonner toute poursuite de résultat spécifique ou de délai. Notre rôle consiste à donner, un point c'est tout. Le reste n'est pas de notre ressort. Nous ne pouvons pas guider ni superviser le processus d'échange d'énergie jusqu'au retour multiplié de notre don. Le processus de création est indépendant de notre volonté. Nous pouvons uniquement demander et donner, et l'Univers répondra instantanément à notre demande.

Si nous ne pouvons contrôler le processus donner-recevoir, nous pouvons cependant nous préparer à recevoir ce qui vient ou revient à nous. Pour ce faire, nous nous concentrons avec foi et détermination sur notre ressenti et sur les actions inspirées qu'il nous encourage à réaliser. Par ailleurs, nous nous détendons en sachant que le don vient à nous.

C'est dans ce ressenti de foi, de détente et de bonheur que nous touchons au bien-être total et constant. C'est ce sentiment de bonheur suprême que nous voulons vivre à tout instant. Par l'appréciation, la reconnaissance, la gratitude, nous engendrons un profond sentiment régulier de joie intérieure. Et ce ressenti de joie et d'amour est intensifié par notre don.

Vos exercices de bien-être :

- Développez votre muscle du don.
- Transformez vos sentiments de peur, de manque, etc., par un don régulier.
- Appliquez la règle d'or du don.
- Préparez-vous à recevoir votre don multiplié par x.

Chapitre 17

Élever sa vibration

Nos sentiments sont des indicateurs de notre acceptation des choses telles qu'elles sont. Les sentiments sont la clé du processus de création, car ils accélèrent la manifestation de nos désirs. C'est de la profondeur de notre ressenti que dépendra la réalisation ou non de ce que nous voulons manifester. Nos sentiments peuvent également repousser nos désirs. Tout dépend de ce sur quoi nous focalisons notre attention.

Il apparaît évident que nous voulons nous concentrer sur ce qui nous fait du bien. C'est le but de chacun d'entre nous : trouver le bien-être constant. Aussi, pensons constamment à focaliser nos pensées sur ce qui nous apporte ce bien-être, et uniquement sur ces pensées là.

Afin d'atteindre ce bien-être, nous voulons nous concentrer sur les sentiments qui accroissent notre énergie. Lorsque notre énergie accrue nous traverse continuellement, nous nous sentons bien et devenons magnétiques, et non plus électriques. La vibration que nous émettons se situe dans le flux de la vie. Nous sommes connectés directement au canal de l'Univers et la communication entre la Source et nous-mêmes est pure comme le diamant.

L'accroissement de l'énergie est indispensable à la recherche du bien-être. Emplis de cette énergie pure et lumineuse, nous sommes purs et lumineux, et plus nous arrivons à nous accorder sur cette vibration de pureté et de lumière, plus notre bien-être est constant et perdure. La clé du bien-être continu – le bonheur constant – repose sur l'élévation de notre vibration dominante afin d'atteindre la vibration supérieure de la lumière et de l'amour, la vibration de l'Univers!

Mais, pourquoi est-il important d'élever sa vibration? Lorsque nous nous trouvons dans un état vibratoire élevé, nous nous sentons stimulés. L'accroissement constant d'énergie qui est le nôtre provient de notre lien et de notre alignement sur la Source de toute énergie. Nous nous sentons soutenus et assurés et tout nous paraît possible. Nous avons l'énergie qui « soulève les montagnes ».

Nous voulons arriver à ce niveau vibratoire élevé et surtout le conserver afin de nous réapproprier notre pouvoir de création et créer, ou cocréer, avec l'Univers notre désir le plus cher, le but de notre âme. C'est ce but qui nous procurera le bien-être total et le bonheur suprême auquel nous aspirons tous.

Pour arriver à ce niveau élevé de vibration, nous voulons apprendre à prendre soin de nous, à nous honorer, en quelque sorte. Nous voulons honorer l'âme qui est la nôtre, célébrer sa puissance et développer notre pureté pour contribuer à son bien-être.

Comment prenons-nous soin de nous?

Notre alimentation joue un rôle prépondérant dans le maintien d'un niveau vibratoire supérieur. Manger des aliments sains et naturels, adaptés à nos besoins et à nos désirs, dans une ambiance et un environnement serein et paisible, sont autant de facteurs de bien-être.

Nous voulons également apprendre à nous organiser mieux, de manière à réduire le niveau de stress susceptible de découler de notre confusion et de notre désorganisation. Commençons par mettre de l'ordre dans notre environnement physique, et notre espace intérieur s'ordonnera également. La confusion extérieure entraîne parfois un stress et une confusion intérieure que nous pouvons aisément éclaircir et ordonner.

Enfin, pour nous apaiser par rapport aux contrastes de la vie, nous voulons prendre le temps de nous arrêter et de nous recentrer sur nous-mêmes. Nous voulons réapprendre à penser à nous et à notre but premier, c'est-à-dire l'image mentale de notre vie idéale. Les quelques minutes que nous passerons quotidiennement à cette activité de visualisation, dans le calme, contribueront à façonner et à modeler la manifestation de notre vie future.

Car prendre soin de soi, c'est comme faire une déclaration à l'Univers. Nous affirmons notre propre valeur devant la substance informe. Nous déclarons nos nombreuses aspirations et attirons dès lors nombre de manifestations voulues. En affirmant beaucoup de choses, nous attirons beaucoup de choses. Aussi, passons une grande quantité de notre temps quotidien à créer la vie de nos rêves.

Il existe plusieurs manières de nous valoriser et de reconnaître notre valeur personnelle. L'important est de nous adonner à ce que nous aimons : écouter de la musique, nous occuper de nos enfants, lire, nous promener, nager, etc.

En réalisant simplement les activités qui nous font le plus de bien, nous nous abandonnons à notre joie intérieure et touchons au plaisir pur. Nous nous reconnaissons pour ce que nous sommes : quelqu'un qui recherche avant tout à être heureux quoi qu'il arrive.

Le fait de s'adonner aux plaisirs qui nous procurent beaucoup de joie offre les résultats créatifs les plus rapides. Lorsque nous sommes dans un état vibratoire bas, il nous est difficile d'agir, car nous nous sentons lourds et maladroits. Par contre, la réalisation des activités qui nous font le plus grand bien élève notre vibration et lui ajoute la connotation joyeuse et de bien-être nécessaire à notre équilibre. Nous nous réalignons ainsi sur la source de toute joie et jouissons de la grâce suprême.

L'équilibre, nous le trouvons en maintenant le lien Corps – Esprit – Âme. Ces trois éléments étant interdépendants, ils sont nécessaires à notre équilibre intérieur, l'un tout autant que l'autre, et ils stimulent notre pouvoir attractif. L'alignement harmonieux de ces trois éléments ouvre notre canal et purifie la relation qui nous lie au divin. Nous redevenons cocréateurs suprêmes et retrouvons le pouvoir créateur omniprésent, si nous choisissons d'y accéder.

Prenons le temps d'accorder autant d'espace à notre bien-être physique, mental et spirituel et nous sommes certains d'établir et de maintenir cet équilibre vital pour notre bien-être.

> C'est la raison pour laquelle la méditation forme également un outil d'alignement important. Comme je l'ai déjà expliqué, en état alpha, notre canal est totalement ouvert et purifié du filtre du subconscient. Tout ce que nous pensons dans cet état s'imprime directement sur la substance ou la trame de l'Univers et se manifeste. L'impression puissante qui est accomplie lorsque nous nous trouvons dans cet état est possible du fait de la pureté et de la netteté de notre alignement sur la source. Cet état est très favorable à la création de nos désirs.

Lorsque nous méditons, nous dirigeons nos pensées sur ce que nous voulons obtenir : l'amour, la paix, la sérénité, le bien-être suprême. Et c'est ce que nous attirons. Comme nous sommes en état alpha au moment de l'envoi de notre demande, notre connexion directe à la Source entraîne la manifestation rapide de notre désir ainsi exprimé.

La source dont je parle ici est la Source de notre intuition, de notre créativité et de notre inspiration. Elle sait tout. Et nous procure les réponses à toutes nos questions. Lorsque nous nous alignons sur elle, nous nous sentons régénérés. Nous redevenons cocréateurs avec la Source du savoir suprême. Nous retrouvons notre puissance d'origine et pouvons créer toute chose de notre propre chef.

Nous savons qui nous sommes et connaissons notre place. Nous agissons pour notre bien-être et recherchons le bonheur avant tout. Nous focalisons constamment notre pensée sur ce qui nous élève et attirons tout ce que nous appelons de nos vœux. Nous réussissons tout aux yeux des autres qui reconnaissent notre force et notre puissance généreuse et positive. Nous sommes éveillés.

Pour atteindre ce niveau alpha, il nous faut ralentir les ondes de notre cerveau. C'est ce que font la méditation et la relaxation. C'est ce que nous faisons inconsciemment chaque fois que nous allons nous coucher. Avant le sommeil et après le sommeil, nous sommes naturellement en état alpha. Dans cet état, nous pouvons voir tous nos désirs réalisés, rapidement et efficacement.

Maintenant que nous en sommes conscients, nous pouvons décider d'utiliser ces deux moments quotidiens pour cocréer avec l'Univers et lancer la manifestation de nos moindres vœux. Plusieurs exercices de ce manuel vous permettent de profiter de ces moments de pouvoir incroyable pour créer et manifester vos désirs au quotidien.

L'état alpha représente l'état d'apprentissage maximum du fait même de la connexion totale qui est établie avec l'esprit conscient. Il nous est donc possible d'imprimer tout ce que nous voulons vivre, créer et avoir sur notre subconscient. C'est un état de pouvoir incommensurable et de reconnexion totale avec nous-mêmes et notre être divin. Nous retournons à la source et reconnaissons notre nature divine. Nous nous réapproprions le pouvoir créateur que notre subconscient filtre en état d'éveil.

Nous retournons chaque jour à l'état alpha, consciemment ou inconsciemment, et pouvons profiter de ces moments pour participer à la réalisation de nos moindres désirs.

L'état alpha renforce également la visualisation, car il nous permet de ressentir sans entrave, directement, l'accomplissement de notre désir premier. Nous ressentons le bien-être et la joie de notre rêve réalisé et ce ressenti attire la manifestation d'autres occasions bienheureuses et joyeuses. Étant donné que notre but suprême est de ressentir en toute circonstance bien-être et joie, le fait de les ressentir de cette manière pure et détachée de toutes limitations imprime profondément la substance et entraîne la manifestation rapide d'autres événements de même nature.

Si nous observons les enfants, nous remarquons que leur focalisation est principalement dirigée vers ce qui leur procure joie et bonheur. Ils se sentent bien à tout moment et demeurent concentrés sur ce but. Si un événement surgit et les entraîne dans l'autre sens, vers un mal-être ou un contraste quelconque, ils tentent immédiatement d'y remédier en changeant d'activité et en choisissant une occupation qui leur convient parfaitement, en faisant une demande à leur parent, en pleurant pour relâcher la tension et le stress que le contraste provoque en eux, etc.

> Le seul but recherché d'un enfant, c'est la joie! Soyons comme des enfants, et recherchons nous aussi tout ce qui peut nous procurer joie et plaisir constants. Car c'est là que se situe la clé de notre bonheur continu à tous.

Le Joie est le jus du processus de création, car par rapport au contraste et au mal-être, elle révèle la vérité pure et éternelle. Nous voulons nous relier au divin par la vibration élevée de notre propre joie. La joie est l'émotion qui a la vibration la plus élevée sur l'échelle des émotions. La joie est la vibration de l'amour. Joie et amour sont inséparables. En recherchant et en donnant de la joie, nous recherchons et donnons de l'amour.

La joie est le but de l'âme sur cette terre. Soyons joyeux et nous serons toujours heureux. En focalisant notre attention sur la poursuite de la joie, nous trouvons la voie de notre bonheur constant et nous accomplissons notre désir suprême : élever notre vibration.

Vos exercices de bien-être :

- Concentrez-vous sur les sentiments qui accroissent votre énergie.
- Mangez des aliments sains et naturels.
- Organisez-vous.
- Prenez le temps de vous arrêter.
- Adonnez-vous à ce que vous aimez.
- Méditez tous les jours cinq à dix minutes.
- Recherchez à exprimer votre joie au grand jour!

Chapitre 18

Utiliser l'énergie collective

Si nous voulons créer le paradis sur terre, il nous faut nous élever. Élever notre vibration dominante revient à nettoyer nos blocages émotionnels afin de pouvoir atteindre la pleine conscience ou la compréhension éveillée. Nous avons vu comment modifier notre vibration dominante et l'élever à un niveau supérieur de conscience. À nous maintenant d'agir sur nos mots/maux et nos pensées. En décidant aujourd'hui de concentrer notre attention exclusivement sur ce qui nous fait du bien, nous honorons l'esprit en nous et rencontrons la bienheureuse vibration de la joie.

Sa Sainteté le dalaï lama a dit : « Aujourd'hui, tout ce qui se produit dans une partie du monde affectera par la suite les personnes et les endroits qui en sont éloignés. Par conséquent, il est essentiel de traiter chaque problème majeur (et chaque mouvement social) dès son commencement, en tant que préoccupation mondiale. [...] Dans le contexte de notre nouvelle interdépendance, l'intérêt personnel réside clairement dans la considération des intérêts des autres. »

Personne aujourd'hui ne peut nier que les problèmes sociaux, politiques, économiques et religieux du monde atteignent la masse critique. Les mystiques modernes croient que les solutions finales à tous nos problèmes seront accomplies par la progression du réveil spirituel en cours, de la sphère personnelle à la sphère mondiale. Ils savent que ce réveil a le potentiel de propulser l'humanité dans la phase suivante de son évolution en tant que forme de vie plus consciente, dotée de capacités plus étendues.

Ainsi, plus il y aura de personnes conscientes de leur pouvoir créateur et de leur lien au Divin, plus vite la vibration terrestre s'élèvera également pour atteindre un seuil vibratoire supérieur.

Car lorsque nous modifions notre nature vibratoire personnelle, la réalité physique planétaire collective change également. Par rapport au changement de conscience qui se réalise en chacun de nous, notre corps physique s'adapte. La nouvelle vibration supérieure que nous atteignons par notre changement de focalisation influence l'atmosphère physique dans laquelle baigne la planète. Notre réalité externe commence à refléter la nouvelle conscience – la réalité interne – que nous exprimons.

Dès lors que ce changement de conscience se généralise sur l'ensemble de la planète, c'est la terre entière qui changera vibratoirement et qui s'élèvera au-delà des vibrations basses qu'elle connaît depuis des siècles.

Bien sûr, nous avons le choix de nous élever ou non.

Soit, la majorité d'entre nous continue à descendre dans la matière dense et lourde qui nous empêche de nous aligner sur la Source et de purifier le canal qui nous y relie. Nos émotions basses nous maintiendront ainsi dans un état de peur constante par rapport aux « contrastes » de la vie. Nous demeurerons au bas de l'échelle vibratoire étant donné que ce que nous exprimerons, nous l'attirerons à nous continuellement.

Soit, nous choisissons d'accélérer notre évolution spirituelle et adoptons l'intention de revenir à notre état éveillé. Dans ce cas, nous faisons le choix de nous élever et de grimper sur l'échelle vibratoire des émotions pour atteindre de manière continue et permanente la vibration supérieure pure de la joie et de l'amour universels. Nous retrouvons ainsi notre nature divine et nous relions les uns aux autres par nos canaux purs et puissants de cocréateurs divins.

Il apparaît clairement que nous assistons à un éveil personnel et planétaire. En effet, le processus de changement de conscience d'une réalité à une autre provoque l'expansion collective de notre conscience, au point où cette conscience crée une nouvelle réalité. Nous passons ainsi d'une réalité basée sur une série de croyances à une nouvelle réalité qui repose sur un état d'être. Ce faisant, nous accédons clairement à une nouvelle dimension, celle de l'imaginaire et du sens existentiel.

Les fictions ont la force de la réalité. Tel l'enfant nouveau-né, notre imagination crée le nouveau monde – et c'est également le processus par lequel nous créons notre humanité. La nouvelle dimension n'a qu'une finalité : chercher à créer un monde dans lequel nous nous sentons chez nous.

Il n'est pas si incroyable que cela de penser que nous avons maintenant la possibilité d'augmenter le taux vibratoire de la structure moléculaire de notre corps physique. Si l'idée peut sembler saugrenue, elle n'en est pas moins vraie. Comme toute nouvelle idée, elle finira par s'imposer, de même que le fait de marcher sur la Lune il y a quelques années de cela.

Cette transition n'exige aucun effort de notre part. C'est chose aisée que d'effacer les habitudes d'une vie. La tendance naturelle de notre conscience consiste à reposer dans la paix parfaite de notre vraie nature. Nous pouvons cesser de privilégier des habitudes de jugement et de limites qui constituent la spirale descendante de l'échelle vibratoire. Par contre, nous pouvons choisir d'adopter les qualités de compassion et de sagesse et nous élever ainsi dans une expansion constante.

Ce choix est simple et personnel. Si nous décidons tous de focaliser notre attention sur les pensées de bien-être et de joie, de compassion et d'amour universel, nous transformerons notre vibration dominante de manière radicale et permanente, et nous entrerons tous dans l'ère de la vibration dominante qu'est la joie planétaire.

Le moment est venu pour nous de faire un choix. Nous avons une chance en or de décider de développer une planète de paix et d'amour, loin du chaos turbulent actuel. Une planète où il fait bon vivre et où chacun est conscient de son pouvoir de création. Un monde où nous assumons tous la responsabilité de nos actes et des circonstances de notre vie, car nous nous savons cocréateurs de tout ce qui se passe dans notre expérience.

Le choix devant lequel nous nous trouvons tous aujourd'hui est déterminant pour l'avenir de notre société. Maintenant que nous savons que ce à quoi nous accordons de l'attention se retrouve attiré dans notre expérience, il est plus que primordial de choisir comment nous décidons de nourrir notre cerveau.

Nous voulons choisir d'utiliser l'outil d'ouverture au monde que sont la télé, le cinéma, les journaux, etc., de manière créative et constructive. Choisissons les émissions, les films, les articles qui nous élèvent et qui développent notre créativité intellectuelle et mentale. N'oublions pas que lorsque nous sommes devant le petit ou le grand écran, nous sommes en état alpha, c'est-à-dire que nous sommes détendus et ouverts à toutes les émotions et les vibrations qui nous sont envoyées par le biais du poste ou de la grande toile. Infiniment vulnérables dans ces moments de relaxation, nous sommes également en état d'apprentissage maximum. Aussi, choisissons ce que nous voulons apprendre. Assumons notre enseignement en décidant d'apprendre à créer la paix et la sérénité plutôt que la violence et la confusion. Ne voulons-nous pas l'harmonie?

Pour vous aider à contrôler ce qui nourrit vos pensées et à quitter le régime de la négativité et de la peur, je vous invite à effectuer un jeûne médiatique. Il s'agit de vous engager à vivre sept journées complètes sans allumer la télévision, ni écouter la radio, ni lire les journaux. Vous vous promettez de vivre sept journées exclusivement axées sur votre Bien-être et sur votre vie à vous, très « égoïstement » et très joyeusement. Vous remarquerez très vite que, non seulement vous pouvez très bien vous passer de ces « nouvelles », mais que vous vous sentez également plus léger, plus heureux et plus généreux qu'avant. Et vous aurez davantage envie de vous plonger dans ce livre qui vous attend depuis des semaines, de partir vous promener, d'échanger de bonnes et joyeuses nouvelles avec votre compagnon ou votre compagne et vos enfants, que vous sourirez plus facilement…

Notre rôle en tant que personnes responsables ne s'arrête pas à notre petite personne. Nous voulons aussi aider nos enfants à créer leur vie. Apprenons-leur à éteindre la télévision ou à la regarder parcimonieusement, en choisissant les émissions qui contribuent à la construction de leur mental et de leur esprit. Il est primordial que nous nourrissions nos enfants de ce que nous voulons les voir créer, c'est-à-dire leur bonheur et leur bien-être. Ils connaissent la joie constante. Elle leur est naturelle et innée. Renforçons cette attitude mentale prédominante en les encourageant à poursuivre leurs rêves et à les créer. Favorisons les activités qu'ils adorent et motivons-les à entretenir des pensées créatrices et positives.

La possibilité d'évolution devant laquelle nous nous trouvons permet à chacun de passer d'une réalité basée sur le matérialisme et la séparation à une réalité basée sur le cœur et l'unité. La fréquence croissante de la terre nous encourage à poursuivre cette quête de ce qu'il y a de meilleur en nous et autour de nous.

Recherchons encore et encore la joie, le bien-être et l'amour et nous pourrons tous bientôt trouver le bonheur permanent.

Nous aurons accompli notre but ici-bas : élever notre vibration afin de développer un sentiment constant de bonheur suprême.

> Pour accélérer le processus, nous avons la possibilité d'utiliser le pouvoir de l'esprit collectif. Relions-nous les uns aux autres. Créons des groupes de personnes positives qui se concentrent sur le même objectif : la joie et le bonheur constant.
>
> La synergie créée par un groupe de personnes poursuivant le même objectif et partageant le même niveau vibratoire de pensées décuple les capacités de création des membres du groupe. L'union de plusieurs vibrations dominantes positives est bien plus puissante vibratoirement parlant que l'éparpillement de millions de vibrations dominantes négatives. La pensée positive a bien plus d'impact sur la Substance divine – probablement parce qu'elle est plus proche de la vibration de la Source – que toute pensée négative. Ainsi, il nous suffit d'entretenir une pensée créatrice ciblée pendant dix-sept secondes pour contrecarrer des heures de pensées négatives. N'hésitons pas à utiliser cet outil précieux dès aujourd'hui et de nous relier à la source autant que possible tout au long de la journée.

Nous relier au Divin est un processus simple. Au cours de ce processus, nous faisons le choix d'intégrer la place aimante du cœur et de suivre l'esprit sans hésitation. Nous décidons de suivre notre cœur et attirons ce que nous voulons de l'intérieur. Cette attraction-excitation intérieure provoque alors une attraction-excitation extérieure qui met en mouvement les forces nécessaires à la manifestation de notre désir. Et nous cocréons instantanément notre vie rêvée.

En nous reliant ainsi au Divin en nous, nous apprenons à nous libérer de nos anciennes croyances de séparation. Nous voulons embrasser la motivation supérieure de l'unité. Nous choisissons d'être ouverts et de réévaluer nos vérités à l'échelle de notre croissance et de notre nouvelle compréhension de la vie. Comme tout changement mène à une vibration supérieure, notre vibration dominante s'élève et nos anciennes croyances ne passent plus le cap de nos nouvelles prises de conscience. Elles sont reconnues pour ce qu'elles sont : des illusions inutiles que nous décidons de supprimer consciemment et de remplacer par nos nouvelles certitudes joyeuses et bienheureuses.

L'aventure que nous visons est avant tout individuelle, car elle correspond à une expérience individuelle d'élévation. Elle se base cependant sur les critères universels du nettoyage émotionnel nécessaire pour accéder à un nouvel état de conscience. Si cette élévation semble « incorrecte » au yeux de certains, nous savons que nombre d'entre nous l'expérimentent en ce moment sur la planète. Les aventures individuelles multiples vont mener inéluctablement à l'élévation collective du peuple terrien. Nous sommes tous engagés dans ce processus d'accroissement de la vibration dominante de la planète, que nous le voulions ou non.

Nous allons tous entrer dans l'âge d'or par des choix importants opérés par nous tous. Un nouveau monde est en création. Nous sommes tous cocréateurs de ce monde nouveau qui constituera le rayon d'or de la conscience unifiée. Notre élévation individuelle est le prémisse de l'élévation planétaire en devenir. Nous la vivons actuellement, tous autant que nous sommes, imperceptiblement. Et nous savons que nous détenons la clé de notre avancement individuel : utiliser l'énergie collective.

Vos exercices de bien-être :

- Choisissez d'accélérer votre évolution spirituelle.
- Ayez l'intention de revenir à votre état éveillé.
- Choisissez d'adopter les qualités de compassion et de sagesse.
- Utilisez les outils d'ouverture au monde que sont les médias de manière créative et constructive.
- Effectuez un jeûne médiatique de sept jours.
- Aidez vos enfants à créer leur vie.
- Créez des groupes de personnes positives qui se concentrent sur la joie et le bonheur constant.

Chapitre 19

Jeux de création

Dans ce chapitre, j'aimerais vous proposer plusieurs « jeux » ou « exercices » pour vous aider à créer concrètement TOUT ce que vous désirez accomplir dans votre vie. Certains de ceux-ci ont déjà été décrits dans les chapitres précédents. Utilisez cette liste non exhaustive comme « trousse de secours » en cas de confrontation à un « contraste » soudain, par exemple, ou pour travailler certains aspects en groupe.

Par souci de clarté, chaque jeu est numéroté. Utilisez chacun de ces outils ou ceux des autres chapitres du manuel à votre guise, selon ce qui vous convient le mieux chaque jour, tout en appliquant la « journée parfaite » décrite au chapitre 14. Tous ces exercices se complètent l'un l'autre. Aucun n'annule l'autre. Ils sont tous puissants et efficaces et vous mèneront tous vers la manifestation rapide de vos désirs les plus chers.

1. Le napperon (inventé par Esther Hicks lors d'un repas au restaurant)

Prenez une feuille, une serviette en papier ou un napperon. Tracez une ligne verticale divisant la feuille en deux colonnes. Notez sur la partie gauche de la feuille ce que vous avez l'intention de faire, c'est-à-dire votre liste de tâches. Il peut s'agir de petites actions, d'une méditation, d'activités de détente, etc. Sur la partie droite, vous notez ce que vous demandez à l'Univers de gérer. Il peut s'agir d'actions que vous ne vous voyez pas accomplir par vous-même, d'une atmosphère que vous voulez créer, d'un concours de circonstances, etc. Une fois que vous avez bien tout inscrit, vous déchirez la feuille ou le napperon et vous les jetez à la poubelle. Par ce geste, vous laissez aller tout attachement à ce que vous venez d'inscrire et de demander. Vous vous consacrez uniquement à votre liste de tâches, en commençant par le premier élément que vous menez jusqu'à son terme. Puis vous abordez l'action suivante, et ainsi de suite. Vous vous apercevrez bien vite que l'Univers réglera ce que vous lui avez demandé de régler, de manière quasi magique.

2. Le miroir

Voici une manière d'attirer davantage de personnes de sexe opposé dans votre vie : prenez un grand miroir que vous placez derrière votre bureau de sorte que lorsque vous travaillez vous puissiez y apercevoir votre reflet.

Faites comme si le reflet dans le miroir n'était pas vous. Donnez-lui un nom, Bernard (ou Marie), par exemple, et imaginez que vous êtes du sexe opposé.

Sur un morceau de papier, écrivez tout ce que vous remarquez au sujet de Bernard. L'aimez-vous? Quelles émotions montre-t-il au cours de la journée? Est-il beau? Semble-t-il fatigué? Qu'en est-il de son apparence? Est-il soigné? Sourit-il ou semble-t-il heureux? Sortiriez-vous avec lui? Serait-il un amoureux potentiel, un ami à long terme, l'épouseriez-vous? Comment s'estime-t-il? Semble-t-il confiant? Pensez-vous que les femmes en général voudraient lui parler? Est-ce un type bien?

Si vous n'aimez pas la personne dans le miroir, vous comprenez maintenant pourquoi vous n'avez pas de petit ami/amie. Votre estime personnelle est trop faible. Vous vous « cotez » trop bas.

En utilisant des affirmations positives, vous pouvez élever votre estime personnelle graduellement jusqu'à en arriver à aimer votre reflet. Lorsque ceci se produira, vous vous sentirez beaucoup plus heureux et les gens voudront davantage vous fréquenter.

Une personne satisfaite et heureuse émet une résonance d'amour qui attire puissamment les autres.

Plus vous vous aimez, plus votre lueur intérieure sera lumineuse – comme un aimant qui subit un important accroissement d'énergie. L'aimant attire les personnes vers vous parce que vous êtes devenu une personne beaucoup plus agréable. Votre confiance a crû, vous semblez prospère, vous émettez de belles vibrations de positivité, et les gens apprécient davantage votre compagnie.

La nouvelle lueur sur votre visage vous fait sentir plus beau et plus détendu et satisfait, ce qui améliore votre charisme.

Si vous n'aimez pas la personne dans le miroir, personne d'autre ne l'aimera- vous ne laisserez pas autrui vous aimer parce que vous vous demanderez ce qu'il ou elle peut bien vous trouver – vous aurez l'impression que leurs compliments sonnent faux.

3. Le portefeuille magique

Ce jeu consiste à visualiser un portefeuille gonflé de gros billets. Imaginez que votre portefeuille déborde de billets et sentez sa rondeur dans vos mains. Vous pouvez également y placer du papier pour obtenir l'effet souhaité. L'important, c'est de ressentir jusque dans votre corps l'abondance de ce portefeuille débordant. Vous pouvez également y placer le chèque universel qui vous est offert sur le site http://loi-d-attraction.com.

Regardez votre portefeuille tous les jours, prenez-le en main et dites la phrase :

« Je vois mon portefeuille plein à craquer. Il déborde de gros billets qui m'arrivent de la manière la plus parfaite. »

4. La promenade de rêve

Le jeu de la promenade de rêve se joue tout simplement en allant passer du temps dans les environnements qui vous plaisent et auxquels vous aspirez. Ainsi, si vous rêvez de vivre dans un quartier chic de votre ville, promenez-vous régulièrement dans ses rues, admirez ses maisons, ses propriétés, ses parcs. Visualisez la maison de vos rêves et si vous la voyez, passez du temps à la contempler tout en vous imaginant dedans. Voyez-vous déambuler dans ses pièces, prendre le soleil au bord de sa piscine, arpentez ses sentiers.

Si par contre vous rêvez d'une voiture de sport ou de prestige, prenez rendez-vous auprès du concessionnaire afin de l'essayer. Ou encore, louez-la pendant une journée. Profitez de ses fauteuils confortables, appréciez sa coupe et son confort, sa tenue de route et sa puissance.

Se mettre physiquement dans la situation rêvée et ressentir le bonheur de cette présence physique permet à chaque cellule de votre corps de s'imprégner du sentiment et de la sensation de bien-être total que vous recherchez… et d'en attirer davantage.

5. Le défi des 90 jours

Voici un petit exercice puissant qui vous aidera à modifier radicalement et positivement vos relations :

Pendant une période de 90 jours consécutifs, réfrénez votre envie de parler négativement ou de critiquer la personne avec qui vous entretenez une relation difficile. Si vous vous laissez tenter à la critique au cours de la période de 90 jours, recommencez depuis le début. Poursuivez jusqu'à avoir véritablement passé 90 jours sans exprimer quoi que ce soit de négatif au sujet de cette personne (que ce soit en parole, par écrit, voire en pensée, si possible).

La plupart des personnes voudront recommencer au moins une fois le processus. Mais au fur et à mesure que vous progresserez dans ce « jeûne de critiques » au sujet de cette personne, vous vous sentirez plus fort, la paix s'installera dans votre esprit, et votre relation avec cette personne commencera à changer pour le mieux, bien avant l'écoulement des 90 jours probablement.

Ce faisant, vous libérerez votre potentiel d'intelligence et de génie, car ceux qui sont en harmonie avec vous, vous vivifient. Tandis que ceux qui vous vident de votre énergie à force de conflits, vous affaiblissent.

Ainsi, si vous n'êtes pas distrait par des pensées de colère et un conflit verbal continu, votre esprit est libre de se concentrer paisiblement sur ce qui vous importe. Et votre génie peut ainsi émerger et s'exprimer.

6. L'ho'oponopono (ou le jeu de la responsabilité totale, raconté par Joe Vitale)

Un thérapeute hawaïen utilise un processus de guérison appelé « ho'oponopono » pour guérir les patients malades mentaux. Son nom est Dr Ihaleakala Hew Len.

Il travaillait au Hawaii State Hospital. Le pavillon où ils enfermaient les criminels malades mentaux était dangereux. Les psychologues y tenaient un mois. Le personnel se faisait souvent porter malade ou donnait tout simplement son préavis. Dans ce pavillon, les gens marchaient le dos collé au mur de peur de se faire attaquer par les patients. Il ne faisait pas bon y vivre, ni y travailler, ni le visiter.

Dr Len ne vit jamais ses patients. Il se fit désigner un bureau et examina leurs dossiers. En parcourant ces dossiers, il travailla sur lui-même. Alors qu'il travaillait sur lui-même, les patients commencèrent à guérir.

Après quelques mois, les patients qui devaient être entravés furent autorisés à déambuler librement. D'autres qui devaient être fortement médicalisés se virent supprimer toute médication. Et ceux qui n'avaient aucune chance d'être jamais libérés furent remis en liberté. Par ailleurs, le personnel se prit à aimer venir travailler dans ce pavillon.

L'absentéisme et les renouvellements de personnel prirent fin. Le pavillon finit par avoir plus de personnel que nécessaire étant donné que les patients étaient libérés et que l'ensemble du personnel venait travailler. Aujourd'hui, ce pavillon est fermé.

Bien sûr, chacun se pose la question à mille dollars : « Quel travail faisait-il sur lui-même pour transformer ainsi ces gens? »

Il guérissait simplement la partie de lui-même qui les créait. La « responsabilité totale de notre vie » signifie que chaque chose de notre vie – tout simplement parce qu'elle fait partie de notre vie – est sous notre responsabilité. Dans un sens littéral, le monde entier est notre création.

Être responsable de ce que je dis ou fais, c'est une chose. Être responsable de ce que chaque personne de ma vie dit ou fait, en est une autre. Pourtant, voilà la vérité : si vous prenez la responsabilité totale de votre vie, alors tout ce que vous voyez, entendez, goûtez, touchez ou expérimentez par sa seule présence dans votre vie, vous en êtes responsable. Cela signifie que le terrorisme, le gouvernement, l'économie ou tout ce que vous expérimentez et que vous n'aimez pas, c'est à vous de le guérir. Tout cela n'existe pas, façon de parler, si ce n'est en tant que projections de votre monde intérieur. Le problème ne se situe pas vis-à-vis de ces choses, mais bien vis-à-vis de vous. Et pour les modifier, vous devez vous changer vous-même.

Il est évident qu'il est bien plus facile de blâmer le monde que d'en prendre la responsabilité totale, mais pour le Dr Len et à la manière de l'ho'oponopono, la guérison revient à « s'aimer soi-même ».

Si vous voulez améliorer votre vie, vous devez guérir votre vie. Si vous voulez guérir quiconque, même un criminel malade mental, vous le faites en vous guérissant vous-même.

Mais que faisait Dr Len pour se guérir lui-même? Que faisait-il exactement lorsqu'il examinait les dossiers de ces patients?

Il disait tout simplement « je suis désolé » et « je t'aime », encore et encore.

S'aimer soi-même est donc la meilleure manière de s'améliorer, car tandis que vous vous améliorez, vous améliorez votre monde.

7. Les reflets positifs©

Les reflets positifs© sont de petits panneaux (inventés par Rebecca Fine) que vous imprimez et que vous placez sur le tableau de bord de votre voiture. Ils sont en lettres blanches, imprimés à l'envers sur fond noir, de manière à pouvoir se refléter de manière lisible dans le bas de votre pare-brise. N'interférant pas avec votre champ de vision, vous avez l'impression qu'ils flottent devant vous.

Quand vous conduisez, vous pouvez donc voir des énoncés positifs d'affirmation et de gratitude qui vous rappellent de choisir délibérément vos pensées. Ces reflets positifs© vous permettent de conditionner votre esprit d'une manière constructive et créatrice!

Je vous en propose plusieurs sur le site http://loi-d-attraction.com, que vous pouvez imprimer et utiliser. Je vous encourage à les créer vous-même en utilisant les affirmations ou les citations que vous préférez. Personnellement, mon reflet positif© favori est « Je suis pleine de reconnaissance! ».

Les affirmations sont un moyen efficace et agréable de concentrer votre attention là où vous voulez la concentrer – sur la vérité de l'abondance plutôt que sur les « simples apparences » de la réalité.

8. Le jeu de la constance

La règle numéro un pour construire estime de soi et confiance personnelle consiste à réaliser une action chaque jour, pendant dix jours consécutifs, sans faillir. Choisissez une activité qui soit bonne pour la santé, comme une courte promenade effectuée tous les jours pendant dix jours, par exemple.

L'idée, ici, c'est de savoir que vous pouvez compter sur vous pour tenir vos engagements. Une fois que vous serez capable de tenir pendant dix jours complets un engagement personnel que vous avez choisi, l'image que vous avez de vous-même s'améliorera. Ainsi, le respect que vous avez de vous-même et votre confiance en vous augmenteront. Vous verrez bien vite que ceux qui vous entourent commenceront à vous regarder autrement, car ils percevront le renforcement de votre caractère. Il se peut qu'ils tentent de tester votre résolution, mais gardez votre secret, parlez-en peu et tenez vos engagements. Vous verrez que finalement leur attitude vis-à-vis de vous sera plus respectueuse et plus amicale.

En règle générale, les gens sont attirés par la force et sont rebutés par la faiblesse. Lorsque votre entourage commencera à prendre conscience de la force qui croît calmement en vous, celle-ci les attirera vers vous.

9. Le pouvoir des mots (jeu de groupe)

Observez vos pensées, elles se transforment en mots.

Observez vos mots, ils se transforment en actions.

Observez vos actions, elles se transforment en habitudes.

Observez vos habitudes, elles deviennent votre vie.

Ce jeu se joue en groupe. Le premier joueur choisit un mot et crée une phrase. Le suivant trouve un autre mot positif et utilise la phrase du premier joueur en y ajoutant une nouvelle phrase reprenant son mot. La personne suivante trouve un autre mot positif, reprend la phrase entière en y ajoutant sa nouvelle phrase. Et ainsi de suite.

Prenons, par exemple, comme premier mot *magique*. Cela pourrait donner :

« Ma vie est *magique*. »

« Ma vie est *magique* avec des amis *extraordinaires* tels que vous tous. »

« Ma vie est *magique* avec des amis *extraordinaires* tels que vous tous et je suis *certaine* d'attirer tout ce que je désire. »

« Ma vie est *magique* avec des amis *extraordinaires* tels que vous tous et je suis *certaine* d'attirer tout ce que je désire et je vais attirer joie et *abondance* dans ma vie. »

Etc.

Vous créez ainsi ensemble une affirmation collective dont la vibration de création se voit renforcée non seulement par la répétition, mais également par la focalisation de la pensée collective du groupe sur la même vibration positive et constructive!

10. Le jeu de la prospérité

Ce jeu est très amusant à jouer, car il nous emmène dans le monde des rêves d'enfants, des princesses et des châteaux forts, bref le monde de tous les possibles!

Chaque jour, imaginez que vous recevez 1 000 $. Pour renforcer encore votre ressenti, vous pouvez utiliser les chèques de l'Univers (offerts sur le site http://loi-d-attraction.com) que vous déposez dans votre boîte aux lettres tous les matins, ou que vous vous envoyez à vous-mêmes.

Chaque jour, imaginez que vous dépensez l'intégralité des 1 000 $. C'est très important, car vous permettez ainsi à l'énergie de l'abondance de circuler. En donnant, même fictivement, vous attirez l'abondance, car votre ressenti profond du don (la dépense de cet argent) et de la joie qui en résulte (vous recevez ce que vous rêvez d'avoir) émet une vibration puissante et ouvre la porte à plus de joie et de richesses.

Le jour suivant, vous augmentez le don de l'Univers de 1 000 $. Vous ne recevez donc plus 1 000 $, mais bien 2 000 $. À nouveau, vous devez les dépensez tous. Et ainsi de suite, jusqu'à atteindre le 1 000 000 $.

Pour vous aider à vous plonger plus aisément dans le ressenti d'anticipation joyeuse, je vous invite avant de commencer ce jeu à rédiger la liste des 50 choses que vous rêvez d'avoir. Vous commencerez très probablement par de petites commodités, avant d'oser imaginer vous offrir la villa de vos rêves, le voyage que vous rêvez d'entreprendre, la voiture de sport que vous aimeriez entendre vrombir sous vos pieds, ou encore l'association que vous aimeriez tant aider.

Pour que ce jeu fonctionne dans toute sa puissance créative, il est important que vous dépensiez cet argent pour vous-même, non pas pour des parents, des amis, etc. C'est votre propre ressenti d'abondance que vous voulez apprendre à développer. Pour pouvoir mieux aider les autres, vous voulez d'abord vous aider vous-même.

N'hésitez donc pas à utiliser régulièrement l'un de ces nombreux jeux de création!

Vos exercices de Bien-être :

- Le napperon
- Le miroir
- Le portefeuille magique
- La promenade de rêve
- Le défi des 90 jours
- L'ho'oponopono
- Les reflets positifs
- Le jeu de la constance
- Le pouvoir des mots
- Le jeu de la prospérité

Chapitre 20

Les enfants sont des créateurs-nés

Avez-vous remarqué comme les enfants arrivent à obtenir ce qu'ils veulent? Ils utilisent une formule scientifique qui est devenue une référence en matière de manifestation de leurs désirs immédiats :

- Ils demandent.
- L'Univers (la source d'approvisionnement) répond.
- Ils reçoivent ce qu'ils ont demandé.

Les enfants maîtrisent réellement l'art de la création par leur détermination et leur foi totale en leur capacité à recevoir tout ce qu'ils demandent. L'observation d'un enfant qui demande est magique. La prochaine fois que votre enfant vous fait une demande, examinez le processus qu'il met en œuvre et vous serez étonné de sa sagesse et de la puissance de sa volonté.

Pour l'enfant, la « source » d'approvisionnement est claire. L'enfant reconnaît l'existence de cette Source, peu importe la forme qu'elle prend. Souvent, il s'agit de ses parents, de l'autorité qui veille sur lui, des oncles et tantes, des grands-parents. À tout instant, l'enfant sait que la « source » lui offrira ce qu'il demande…

s'il est constant dans sa demande et parce qu'il sait au plus profond de lui-même que tôt ou tard ce qu'il demande lui sera donné.

Les enfants savent clairement ce qu'ils veulent. Qu'il s'agisse d'un jouet, d'une activité, d'une action précise, l'enfant voit clair en lui-même. Rien n'obscurcit son désir. Son attention est concentrée de manière claire et définie sur l'objet de son désir. C'est là que réside sa force. La focalisation de son attention est telle qu'elle agit comme un laser sur la Substance Informe et l'imprègne avec puissance.

Par ailleurs, l'enfant focalise son attention sur une seule chose à la fois. Une fois qu'il a exprimé sa demande avec suffisamment de force et d'insistance, il passe à la demande suivante. Chaque demande est formulée avec appui et consistance, de manière à l'imprimer dans l'esprit de la « Source ». L'enfant connaît les rouages du système.

Le processus de création est inné et l'enfant l'utilise sans contrainte, car son esprit est pur et transparent. Il ne se complique pas la vie. Tout est aisé pour lui. Il ne s'empêtre pas dans des jeux de manipulation et des non-dits. Il exprime clairement ses demandes et s'attend avec une anticipation joyeuse à ce qu'elles se manifestent rapidement.

Les enfants communiquent leur désir à la « source » de diverses manières. Soit, ils utilisent une photo qu'ils ont découpée dans un magazine ou ils montrent l'objet de leur désir exposé dans une vitrine. L'enfant est clair. Il n'y a pas d'erreur possible. Sa demande est claire et précise. Pour lui, dès que sa demande est exprimée, « l'affaire est conclue » : il sait qu'il recevra l'objet de ses rêves. Il ne s'attarde pas sur lui et passe à autre chose. Il laisse l'Univers – la Source faire sont travail, sans y opposer de résistance, sans se poser de questions.

L'esprit et le cœur des enfants sont purs et clairs, car ils sont continuellement alignés sur la Source. Le canal qui les relie au

Divin en eux est direct et lumineux. L'enfant ne s'embarrasse pas de fausses questions, de doutes et de craintes. Il demande. Il s'attend à recevoir. Il reçoit. C'est tout.

Une fois sa demande formulée, l'enfant adopte un comportement d'abandon total. Il poursuit ses activités au mieux de ses capacités et a une foi complète que la source lui fournira ce qu'il a demandé en temps opportun. Il se plaît à penser à ce qu'il va recevoir. Il s'imagine ayant reçu l'objet demandé. Il se voit utiliser l'objet et en retire un réel plaisir. Il utilise son imaginaire et se visualise jouant avec le jouet ou vivant une journée magnifique au parc d'attractions. L'enfant sait qu'il aura ce qu'il a demandé en temps voulu. Il utilise la réalité virtuelle pour se l'approprier avant l'heure et l'attire ainsi efficacement et rapidement.

Le sourire de l'enfant qui joue avec l'objet imaginaire après en avoir fait la demande est beau à voir. Il y a une véritable énergie d'amour dans ce sourire et ce jeu imaginaire. L'enfant est empli de l'énergie créatrice de la Source lorsqu'il se laisse aller à vivre ce qu'il a demandé. Observons les enfants jouer dans leur monde imaginaire pour réapprendre, nous aussi, à faire comme eux et à manifester ce que nous demandons chaque jour.

L'enfant fait continuellement preuve de reconnaissance pour ce qu'il a. À tout moment, il remercie sa Source, pour tout ce qu'il a et pour tout ce qui arrive vers lui. Par la joie qu'il communique, la tendresse qu'il adresse à la Source, il montre et exprime sa gratitude. Et la Source aime recevoir cette gratitude. En tant que parents, nous sommes toujours tellement heureux de nous sentir remerciés de la sorte que nous aimons surprendre nos enfants en leur donnant ce qu'ils demandent.

Notre enfant nous reflète la joie et le bien-être de l'Univers. Nous nous sentons purs en leur présence et nous réapprenons à aimer sans condition. Nous réapprenons l'amour universel grâce à eux. L'enfant nous indique la voie de la création et de l'amour inconditionnels.

L'attitude de réception adoptée par l'enfant est claire et précise. Il sait qu'il va recevoir ce qu'il demande. Il sait que la source est bonne et aimante. Il sait qu'elle veut lui donner tout ce qu'il désire. Donc, il demande et reçoit. Il vit le processus de création dans la moindre de ses cellules.

L'enfant est l'exemple vivant de la cocréation réalisée. D'abord parce que lui-même est le fruit d'un processus de création universel. L'enfant a été demandé et reçu. Il a été cocréé avec l'Univers. Ses parents l'ont « manifesté » dans l'amour et la joie. L'enfant est le fruit du bien-être et de l'amour universel.

Par ailleurs, il vit, démontre et expose le processus de création dans chacun de ses actes et chacune de ses pensées. Il nous met en contact avec l'art de la cocréation. Continuellement, chaque jour, il nous réapprend à créer, et si nous nous donnons la peine de l'observer et de le reconnaître comme guide, il nous montre comment nous réapproprier notre pouvoir de création délibérée. L'enfant est un cocréateur délibéré réalisé.

L'enfant se focalise exclusivement sur ce qu'il veut. Il n'établit aucun plan, ne définit aucun objectif ni aucun délai. Il n'essaie pas de forcer les choses. Il demande et attend tout simplement que les choses se mettent en place. Il anticipe la manifestation de son désir clairement exprimé. L'enfant sait qu'il mérite ce qu'il demande. C'est une chose très claire pour lui.

Il arrive, cependant, que la Source ne lui donne pas tout ce qu'il demande. La Source étant sage et omnipotente, elle sait tout. Elle sait reconnaître les désirs qu'il ne veut pas vraiment. Et elle lui offre quelque chose de mieux. Ne vous est-il jamais arrivé de demander quelque chose pour vous rendre compte ensuite que cette chose ne vous procurerait pas le plaisir prévu? Et cependant vous l'avez demandée en croyant que ce désir vous comblerait. Dans ce cas, bien souvent, la Source « annule » en quelque sorte votre demande, de manière presque « magique », et vous procure une chose qui dépasse de loin votre désir initial.

La Source sait mieux que quiconque ce qui nous fait plaisir et, comme elle veut notre bonheur, elle nous offre ce qu'il y a de mieux pour nous. L'enfant sait cela. Et il sait faire suffisamment preuve de souplesse pour accueillir ce que la Source lui offre sans se confiner dans une image limitée de la chose voulue. Même si certaines crises peuvent donner à croire que l'enfant demeure buté sur son désir initial, souvent, avec le temps, il admet que la chose qu'il a reçue le comble bien mieux que celle qu'il pensait vouloir.

On peut imaginer d'autres raisons pour lesquelles l'enfant ne reçoit pas tout ce qu'il demande. Et ce que j'expose ici nous concerne tous, adultes et enfants. Il existe trois erreurs majeures qui entravent notre capacité de recevoir. Ces erreurs sont puissantes et nous avons tout intérêt à en prendre conscience pour pouvoir mieux les éviter. Ces erreurs se constatent typiquement chez les enfants, ces « maîtres de la création ».

La première erreur consiste à ne pas utiliser de manière constructive ce qu'il a déjà.

L'enfant fait une demande. La Source examine comment il utilise ce qu'il a déjà. Et la joie ou le plaisir qu'il retire de ce qu'il a détermine la réponse. Ainsi, une enfant qui demande une poupée et qui ne joue plus avec les autres poupées qu'elle a déjà reçues a peu de chance de voir son désir exaucé.

La Source nous donne ce qui nous procure le plus de plaisir. C'est notre demande accompagnée du ressenti profond de joie et de bien-être qui lance la manifestation de nos désirs. Si nous demandons quelque chose qui ne nous procure pas le plaisir voulu, il est clair que l'impression que notre désir opère sur la Source ne sera pas suffisante pour manifester la réalisation de notre requête.

L'enfant fait souvent une deuxième erreur. Ce qu'il demande, il le veut maintenant! Lorsque nous imposons des délais, en réalité nous voulons imposer notre volonté à la Source et cela a pour effet inverse de ralentir la manifestation de notre désir. La Source sait tout. Elle connaît mieux que quiconque le moment parfait pour la réalisation de notre désir. En voulant imposer une limite temporelle à la manifestation, nous opposons une résistance qui entrave le flux énergétique mis en mouvement par notre demande.

N'oublions pas, lorsque nous formulons une demande, de laisser aller toute volonté d'imposer nos limites à la Source, qu'il s'agisse de limites temporelles, de limites liées aux caractéristiques de la chose demandée, de limites liées à nos croyances, etc. Apprenons à abandonner notre demande à l'Univers en lui faisant confiance et en sachant avec foi que notre demande sera exaucée pour le meilleur. Nous savons que ce que nous recevrons sera bien mieux que ce que nous avons demandé. La Source nous offrira toujours le meilleur!

La troisième erreur que beaucoup d'enfants font, c'est de manquer de gratitude. En « oubliant » de dire merci, l'enfant relâche sa focalisation. Faire preuve de gratitude permet d'imprimer un sentiment vrai sur la Substance divine. Dire merci c'est faire la danse de la victoire. Je remercie parce que j'ai déjà reçu. Je remercie pour tout ce que je reçois ET pour tout ce que j'ai reçu. L'attitude de gratitude est essentielle pour ouvrir le cœur de l'enfant à tous les possibles et laisser l'amour universel opérer en toute liberté.

L'enfant possède un autre atout sur l'adulte dans l'art de la création : il apprend vite. L'enfant ne répète pas ses erreurs. Comme il espère continuellement arriver à obtenir quelque chose, il change immédiatement son comportement par rapport aux « contrastes » que lui offre l'Univers. Les refus qu'il reçoit l'aident à réaligner sa demande sur son ressenti réel. Il réoriente sa requête constamment de manière à introduire une demande toujours plus appropriée à son désir véritable.

L'enfant ne se laisse pas décourager par les événements. Pour lui, ils ne sont pas déterminants. Ils l'aident simplement à redéfinir sa demande autrement, de manière plus adéquate. Observez un enfant qui demande encore et encore la même chose. Il formule celle-ci de manière toujours différente, approche des personnes différentes, jusqu'à ce qu'il obtienne gain de cause. Sa victoire est au bout de sa persistance et de sa détermination. L'enfant va jusqu'au bout de son désir.

Si nous voulons aider nos enfants aujourd'hui, nous pouvons leur apprendre ce que nous leur avons peut-être « désappris » :

Qu'il existe une Source, appelée l'Univers, la Force, Dieu, etc., qui veut notre bien-être et notre joie totale. Que nous pouvons créer tout ce que nous voulons expérimenter par un simple processus de création : demandez et vous recevrez. Et que si nous sommes assez sages pour abandonner notre demande à l'Univers, en sachant qu'il répondra dans notre meilleur intérêt, nous serons heureusement surpris d'obtenir mieux que ce que nous avions demandé.

Bien évidemment, nos enfants sont bien plus souvent nos guides que l'inverse. Ils savent d'où ils viennent et comment créer leur réalité virtuelle avec succès. Nous pouvons les observer pour réapprendre à utiliser ce processus de création qui nous permet d'obtenir tout ce que nous voulons dans notre vie. Il nous suffit de nous rappeler que, comme nos enfants, nous sommes des créateurs-nés!

Vos exercices de bien-être :

- Observez les enfants jouer et écoutez votre enfant intérieur.

Le miracle, c'est vous!

Nombreux sommes-nous à demander un miracle, alors même que NOUS SOMMES CE MIRACLE!

Si nous commençons à regarder en nous, à nous focaliser sur nous et sur nos sensations, nous détenons la clé de notre développement idéal!

Prenez le temps de savoir ce que vous voulez, déterminez vos objectifs, visualisez et ressentez votre vie idéale et entreprenez ensuite les actions que votre vision vous inspire.

C'est ainsi que se résume le principe très important de la loi d'attraction qui VOUS permet d'obtenir TOUT ce que vous voulez :

Vous attirerez tout ce avec quoi vous êtes en « résonance vibratoire ».

Votre niveau d'énergie déterminera vos manifestations et votre réalité!

Ceci ne vous semble plus abstrait maintenant que vous avez lu ces lignes et réalisé ces exercices. Encore moins si vous les pratiquez tous les jours.

Ainsi, dans la mesure où vous pouvez modifier la manière dont vous « vibrez », c'est-à-dire le ressenti de vos désirs réalisés, vous créez votre réalité selon vos désirs les plus chers.

C'est le miracle de la création et vous en êtes le maître créateur!

Je vous souhaite de continuer à cocréer dans l'abondance et la liberté totale!

Marcelle della Faille

Affirmations

Les relations

« L'amour vient à moi aisément et sans effort. »

« J'ai une idée claire de ce que je veux dans une relation. »

« Je suis prêt maintenant à m'engager dans une relation. »

« J'attire une relation aimante dans ma vie. »

« Je donne et je reçois de l'amour. »

« Je suis un être radieux empli de lumière et d'amour. »

« Je mérite l'amour. »

« Je crois maintenant que les relations peuvent être joyeuses et amusantes. »

« Je m'ouvre aux autres, je donne et je reçois de l'amour. »

« Alors que mon amour pour moi-même augmente, il en va de même pour mon amour pour (...) »

« Je projette l'amour. »

L'abondance

« L'argent tombe du ciel et j'en trouve chaque fois que je sors. »

« L'argent me poursuit. »

« L'argent continue à me trouver chaque jour. »

« L'argent est mon ami. »

« Mon porte-monnaie me présente toujours de l'argent – surprise. »

« L'argent vient à moi de toutes les directions. »

« J'ai toujours plus d'argent que je n'en ai besoin. »

« Je trouve constamment de l'argent autour de moi. »

La santé

« Chaque jour, je vais de mieux en mieux. »

« J'ai toute l'énergie nécessaire pour répondre à tous mes besoins. »

« La lumière en moi guérit mon corps tout entier. »

« Je suis un avec l'Univers, je guéris en ce moment. »

« La lumière divine circule dans chaque cellule de mon corps. »

« Je suis un être radieux empli de lumière et d'amour. »

« J'irradie l'amour vers chaque personne que je rencontre. »

« Je dors de manière détendue et je m'éveille plein d'énergie. »

La spiritualité

« Je suis libre d'être moi-même. »

« Je suis une personne aimante. »

« Je suis responsable de ma propre croissance spirituelle. »

« Je suis un avec l'Univers. »

« Je mérite l'amour. »

« Plus j'aime, plus cet amour m'est renvoyé. »

« Je nourris mon enfant intérieur. »

Vous trouverez des instructions d'utilisation et davantage d'affirmations dans bon nombre d'autres domaines sur le site http://loi-d-attraction.com.

RECOMMANDATIONS

De nombreux auteurs, philosophes, penseurs et orateurs m'ont amenée là où je suis maintenant. Ma bibliothèque est remplie de livres, de CD et de DVD de philosophie, de psychologie, de spiritualité et de sagesse ancienne, de sorte qu'il m'est difficile de sélectionner ceux que j'aimerais vous recommander. Ma recherche spirituelle et existentielle a débuté lorsque j'avais treize ans et n'a cessé d'évoluer depuis!

Je vais donc simplement citer ici les personnes qui m'ont inspirées à créer délibérément la vie de mes rêves. Celles qui m'ont indiqué clairement comment manifester concrètement chacun de mes désirs, qu'ils soient matériels, relationnels, professionnels ou spirituels.

- Marcy Koltun-Crilley, également appelée « Marcy from Maui », cofondatrice de la merveilleuse communauté virtuelle Powerful Intentions, http://marcyfrommaui.powerfulintentions.com.
- Rebecca Fine, http://www.scienceofgettingrich.net.
- Teresa Romain, http://www.accessabundance.com.
- Slim Spurling, http://www.slimspurling.com.
- Abraham-Hicks, http://abraham-hicks.com.
- Julie Coombs, http://diamondjul.powerfulintentions.com.
- Joe Vitale, http://www.mrfire.blogspot.com/.
- Sandy Forster, http://www.wildlywealthy.com.
- Mike Dooley, *Les messages de l'Univers*, www.tut.com.

- Napoleon Hill, *Réfléchissez et devenez riche.*
- Wallace D. Wattles, *La Science de l'Enrichissement*, *La Science de la Santé*, *La Science du Succès*, et tous ses autres ouvrages.
- Le film *The Secret*, bientôt en français! www.thesecret.tv.
- Le Dalaï Lama.

Bibliographie

Livres traduits par Marcelle della Faille et offerts sur le site **http://loi-d-attraction.com** :

- *La Science de l'Enrichissement, profonde sagesse et programme d'enrichissement*, d'une œuvre puissante datant de 1910 – Traduction de *The Science of Getting Rich* de Wallace D. Wattles, aux Éditions Le Dauphin Blanc, 2006, également sous format de livre électronique.

  « Tout le monde peut former des choses dans sa pensée et, en imprimant sa pensée sur la substance informe, provoquer la création de ce à quoi il pense. »

- *La Science de la Santé*, 2e partie de l'œuvre classique de Wallace D. Wattles écrite en 1911 – Traduction de *The Science of Being Well* de Wallace D. Wattles, livre électronique édité par http://loi-d-attraction.com, 2006.

  « La santé résulte d'une certaine manière de penser et d'agir. La personne malade qui commence à penser et à agir de cette manière stimulera l'activité constructive du principe de la santé en elle, qui guérira tous ses maux... Par conséquent, tout homme peut acquérir la santé parfaite. »

Bientôt :

- La Science du Génie, 3e partie de l'œuvre classique de Wallace D. Wattles écrite en 1911 – Traduction de *The Science of Being Great* de Wallace D. Wattles, livre électronique qui sera édité par http://loi-d-attraction.com, 2007.

- Et bien d'autres œuvres précieuses encore...

À propos de l'auteure

Marcelle della Faille, auteure, *coach* et traductrice de livres de développement personnel et de sensibilisation à notre vraie nature, vous propose de découvrir ou de redécouvrir les principes de la nouvelle pensée et de la loi d'attraction. Grâce aux livres qu'elle a écrits ou spontanément traduits, elle partage avec vous de très anciens secrets de manière à vous permettre à VOUS aussi d'ACCÉDER À L'ABONDANCE ET AU BIEN-ÊTRE dans votre vie!

http://marcelle.powerfulintentions.com/forum/abondance
http://loi-d-attraction.com